向心管理

国学经典中的管理智慧

杨 子◎著

台海出版社

图书在版编目（CIP）数据

向心管理 ： 国学经典中的管理智慧 / 杨子著 .
-- 北京：台海出版社，2024.1
ISBN 978-7-5168-3759-7

Ⅰ．①向… Ⅱ．①杨… Ⅲ．①管理学 Ⅳ．① C93

中国国家版本馆 CIP 数据核字（2023）第 256565 号

向心管理：国学经典中的管理智慧

著　　者：杨　子	
出 版 人：蔡　旭	封面设计：回归线视觉传达
责任编辑：王　艳	

出版发行：台海出版社

地　　　址：北京市东城区景山东街 20 号　　　邮政编码：　100009

电　　　话：010 -64041652（发行，邮购）

传　　　真：010 -84045799（总编室）

网　　　址：www.taimeng.org.cn/thcbs/default.htm

E-mail：thcbs@126.com

经　　　销：全国各地新华书店

印　　　刷：香河县宏润印刷有限公司

本书如有破损、缺页、装订错误，请与本社联系调换

开　　本：710 毫米 ×1000 毫米　　　1/16

字　　数：200 千字　　　　　　　　印　　张：13.5

版　　次：2024 年 1 月第 1 版　　　印　　次：2024 年 1 月第 1 次印刷

书　　号：ISBN 978-7-5168-3759-7

定　　价：68.00 元

前 言

真传一句话。假传万卷书。

要知道事情的真相，有两个方法：一是窥见全貌，二是找到根源。

孔子说："吾道一以贯之。"这是窥见全貌。

孟子说："学问之道无他，求其放心而已矣。"这是找到根源。

领导力的真相是什么？

我的观点是：领导力就是"心之力"。

主宰我们血肉之躯的是心。心所发出来的是念。一念天堂，一念地狱，每一念都是由心而生，由心而灭。

以身作则、共启愿景、挑战现状、使众人行……都是领导者的这颗心所发出来的念。不管是前瞻力，还是决策力、感召力、组织力，抑或是整合力……一言以蔽之，都是"心之力"。

领导者要做好两件事，一是修炼自己的心，二是"降伏"众人的心。

领导者要怎样修炼自己的心呢？首先要发明本心，再去养不动心。

什么叫发明本心？就是要找到自己光明的心。怎么找到呢？不用找，这颗心始终都在。知道了"圣人之道，吾性自足，不假外求"的道理，这颗心就找到了。怎么养不动心呢？这就需要"苦其心志，劳其筋骨，饿其体肤，空乏其身，行拂乱其所为，所以动心忍性，曾益其所不能。"如果能养得此心不动

如山，那么谁又能打败你呢？而你却可以战胜一切。

领导者要如何获得人心呢？首先要认清人心，其次要领导人心。具体来说，掌握好十六个字就可以了。

"人心惟危，道心惟微，惟精惟一，允执厥中。"这十六个字，是中华优秀传统文化中著名的"十六字心传"。《尚书·大禹谟》中有记载，《荀子·解蔽篇》中也有类似的引注，称："《道经》曰：'人心之危，道心之微。'危微之几，惟明君子而后能知之。"据传，这十六个字源于尧舜禹禅让的故事。当尧把帝位传给舜的时候，传了这十六个字。后来舜把帝位传给禹的时候，也传了这十六个字。这十六个字与其说是禅让时托付天下百姓的重任，不如说是传递继往开来、领导苍生的心灵衣钵。

以上，是我写这本书的基本思路，也是我教学相长的一些总结。由于心力境界有限，不足之处在所难免，恳请各位师友批评雅正。

杨　子

辛丑年 立秋日

目 录
catalogue

第一章　成于正念

三个完人，六部经典

中国文化史上，有三个人被称为"立德立功立言三不朽，为师为将为相一完人"。这三人是孔子、王阳明及曾国藩。

孔子是儒家学派创始人，他虽然没有成为当时的名相，却被历朝历代推崇为至圣先师、万世师表。用北宋大儒张载的话说，"为天地立心，为生民立命，为往圣继绝学，为万世开太平"。孔子是一个完人。

孔子之后，到明朝又出现一个没有争议的完人，他被称为"立德立功立言"真三不朽，这个人就是王阳明。孔孟朱王（孔子、孟子、朱熹、王阳明），是儒家为代表的中国传统文化的四座高峰。

王阳明是明代思想家、军事家，心学集大成者，大明朝的"战神"，学会王阳明心学，没有人能打败你，你相信吗？

王阳明之后，又出现了一个可以"为师为将为相"的完人——曾国藩。人们说做人要学曾国藩，做事要学曾国藩，做官要学曾国藩，识人用人也要学习曾国藩。

这三个历史人物是走进国学，深入学习中国优秀传统文化的最丰满的人物，是检验国学智慧的三个真实案例。

说到国学，什么是国学呢？"国学"这个词，在3000年前就已经存在，比如在《周礼》、《汉书》、《后汉书》里，就明确出现过"国学"一词，但是要注意，当时"国学"一词指的是国家的学校，而我们现在说的"学国学、用国学"是近代100多年才产生的概念。20世纪初，西方思想和技术大量涌入中国，中国有一批卓有远见的思想家、教育家意识到西方思想和技术必然会改变中国人的思维方式和社会结构等。于是他们面对西学东渐，针对"西学"二字提出"国学"二字。这是国学产生的背景。

国学简单地说，就是中华民族固有的学问，中国的优秀传统文化就是国学。《四库全书》把国学分为经、史、子、集四部，大家耳熟能详的《孔子》、《孟子》、《庄子》、《老子》、四大古典名著等都属于国学。

国学博大精深，既有宇宙的秘密，又有生命的法则；既有生存的智慧，又有生活的学问；既有人生信仰，又有古代科学；既有门道，又有技巧；既有术，更有道……

走近国学，给大家推荐六部经典，基本从儿时启蒙开始，每隔10年学习一部，足够让书香陪伴一生。

十岁，应该学好《弟子规》，给人生夯实基础。六十一甲子，十岁前属于《易经》提到的"潜龙勿用"阶段，出名不要太早，要大器晚成。多读书多学习，终身受益。

到了二十岁，一般学校毕业，开始工作，属于"见龙在田"阶段，开始在工作中展示才华，此阶段要学习《论语》。半部《论语》治天下，《论语》也是讲领导力的。

到了三十岁，是人生的关键期，事业婚姻家庭都要兼顾，上有老下有小，干扰项很多。这时候，需要做条"惕龙"，警惕危险，减少失误。《孙子兵法》是这个阶段的智慧宝典，学好《孙子兵法》能提升你的智商和情商，实现"不战而屈人之兵"的目的。

到了四十岁，不惑之年，驶入人生快车道。这个阶段决定事业能否上升，人生能否增值。身处这一阶段的人，就像在深渊中的龙，一定要搏击，腾飞到空中，实现再次飞跃。这一阶段好好学好《道德经》，尊道贵德，涵养心性，生命才有意义。

到了五十岁，是事业的黄金期，"飞龙在天"，大展宏图。这时候学好《易经》。孔子说："加我数年，五十以学易，可以无大过矣。"意思是说，给我几年时间，让我从五十岁开始好好学习《易经》，我便可以没有大的过错了。人到五十岁，过往的成功和失败都是最好的人生经验，非常适合与《易经》智慧互相印证。

到了六十岁，一定要学好《金刚经》。《金刚经》让我们知道生命的真相，可以心安理得去安享晚年。古人"调素琴，阅金经"，金经指的就是《金刚经》。

本书将以孔子、王阳明、曾国藩作为人物案例，从上面六部经典中引经据典，萃取精华，让国学智慧和现代企业管理进行激烈碰撞和畅快思辨，以实现提升管理者的事业修为和领导艺术的目的。

念头正了，事就成了

越优秀的人，越爱学习。

越成功的人，越努力。

那么，应该怎样学习，如何努力呢？

《中庸》当中提到，要博学、审问、慎思、明辨、笃行。贯穿知与行，有两个重要的关键词——"慎思"和"明辨"，简称"思辨"。《中庸》是中国古代读书人的必读书，与《论语》《孟子》《大学》合称四书。《中庸》的作者是孔子的嫡孙子思。比子思晚 100 年出生的古希腊哲学家亚里士多德认为，思辨的生活是最幸福的生活。

现在，我们从国学的角度，一起对企业管理模式做一次思辨。

企业管理的模式有四种，分别是人治、法治、文治及心治。

人治，顾名思义，就是依靠老板或者特定管理者的主观意识去管理企业、带领团队。人治主要存在于企业创业时期和特殊时期，经营靠人情、管理靠经验、领导靠权威、员工靠指挥。显而易见，人治局限很大，弊端很多。

随着企业规模的不断壮大和完善，部门和员工增多，管理层级增多，就需要淡化人治，通过建立制度来管理企业，这就是法治。制度是企业管理的基石。整章建制，纲举目张。流程似渠，令行禁止。制度如火，必罚明威。法家代表人物韩非子说："火形严，故人鲜灼；水形懦，人多溺"。意思是人们都很害怕火，因而被火灼伤烧死的人并不多；水柔弱可爱，可是世上被水淹死的人很多。制度，每家企业都需要，可是制度也不能解决企业管理中的所有问题，而且单纯依靠制度管理也是有弊端的。比如《论语》中孔子说："道之以政，齐之以刑，民免而无耻。"通过政令和刑法手段，可以在很大程度上实现员工不犯规，可是员工心不甘情不愿，内心也不觉得犯错可耻。

这个时候，就需要企业文化的应用，这就是文治。孔子说："道之以德，齐之以礼，有耻且格。"通过职业素养的提升和礼仪的规范，员工就可以人人向善、行善，实现"勿以善小而不为，勿以恶小而为之"。从法治下的不敢犯错，到文治下的自发自愿自主不去犯错，这就是企业文化的魅力。

我们现在思辨，企业制度和企业文化哪个更好，哪个更重要呢？我认为：没有制度的文化是口号，没有文化的制度是手铐。企业制度和企业文化相辅相成，缺一不可。《孙子兵法》中"令之以文，齐之以武，是谓必取"把法治和文治的关系说得很到位。用企业文化做教育，用企业制度做规范，才能打造胜利之师。

我们继续思辨，企业以人为本，人以什么为本？主宰我们每个人的血肉之躯的又是什么呢？

是心！心不是一团血肉，而是可以生善也可以生恶的。现代管理学之父彼得·德鲁克说，管理的本质是激发每个人的善意。善意源自哪里？善意源自

心里。所以说，心治是企业管理的高级方式。

人治，靠的是个人魅力和无上权威；

法治，靠的是钢铁规则和赏罚分明；

文治，靠的是文化浸润和素养提升；

心治，靠的是心性引导和激发良知。

人治，是人在做，人在看，人总有看不见的时候；

法治，是人在做，法在看，法再完善，也总有空子可钻；

文治，是人在做，文化在看，看见看不见只有天知道；

心治，是人在做，自己的心在看，人永远不可能自己欺骗自己的心。好不好，对不对，是善还是恶，自己永远都知道，不需要领导的指挥，不需要干部的监督，也不需要请示父母和师父。王阳明说："千圣皆过影，良知乃吾师。"听从良知，就是心治。

把老板的理念变成下级的信念，把下级的信念变成全员的信念。心治不是形而上学，心治不是唯心主义。

心态决定状态，状态决定业态。要改善企业的现有状态，只有从改善员工的工作状态入手；要改善员工的工作状态，就必须从改善员工的心态入手。

什么是正念？

明代大儒王阳明发明了一个词，解释正念很合适，叫作"明觉精察"。王阳明《传习录》有言："知之真切笃实处，即是行；行之明觉精察处，即是知。"这句话简单地理解就是"知的完美就是行，行的极致就是知"，所谓"知行合一"就是这个道理。

在企业管理中，也是这样。领导者的念头正了，领导力自然就成了，是不需要多余去发挥的。一句话，格物致知做好了，诚意正心就完美了，修齐治平就是自然而然的事。

提起郭家学，知道他的人会忍不住竖起大拇指。郭家学是一位很有能力的企业家，他所掌舵的东盛集团，最高市值曾经达到了100亿元。他是一位有担当的企业家，在遭遇滑铁卢之时，他宁愿背负48亿元的债务，也不走破产清算这条"捷径"，经过8年时间，他偿还了所有债务，重新站了起来。

郭家学现在已经不再梦想做世界500强的企业，他只想让自己的企业屹立世界500年。

是什么让郭家学有如此大的转变呢？是因为他的念头正了，所以事就成了。有一次，郭家学去德国法兰克福出差，他看到当地一家餐馆，装修得古色古香，充满了历史文化气息。郭家学被深深震撼。还有一次，郭家学参观山西晋城柳氏庄园。探究柳氏庄园兴盛了400多年的秘密，其中最重要的原因就在于柳氏家族对于传统文化的敬畏和传承。为了不打扰村民邻居，柳氏家人无论做多大官，每次回家在离家十里的时候都要下车下轿下马步行。这个细节就是一种中国优秀传统文化的体现。

从此，郭家学不再做资本狂人，不走疯狂的企业扩张之路，而是沉下心来经营距今已有480年历史的老字号广誉远。

得失成败，唯心所造

做什么很重要，怎么做更重要；说什么很重要，怎么说更重要；但最重要的是想什么和怎么想。

命运对每个人都很公平。出身虽不同，但后天总会给你一些机会，但很多人却把握不住。有时候面对同样的机会，就因为和别人想的不一样、说的不一样、做的不一样，最后的人生结局就会有天壤之别。

刘邦和项羽，一个开创大汉天下，一个乌江自刎霸王别姬。可是他们事业之初和发展过程，却有很多相似之处，我们来对比三件事。第一件事，对比他们开始的时候，《史记》当中这样记载：刘邦和项羽在起事之前，曾遇到同样一件事：秦始皇出巡，队伍浩浩荡荡，绵延几里地，热闹非常。项羽看到秦始皇好不威风，身边美女如云，便说："彼可取而代也。"意思是，我也可以取代你的地位，如此风光。

刘邦看什么呢？司马迁记载，刘邦看到秦始皇好不威风，身边文臣武将，百官朝贺。刘邦说："大丈夫当如是也！"意思是眼前这个人事业成功，我也要这样。

于是两个人都开始起兵反秦。过程中有一次交集，这是对比的第二件事。刘邦先进入咸阳，他要的是文臣武将，百官朝贺。可是他发现自己羽翼尚未丰满，时机不对，于是以退为进，与当地老百姓约法三章，秋毫无犯，还军霸上。项羽后进入咸阳，打开国库，把金银财宝都拿走了，最后还一把火烧了阿房宫。

我们再对比第三件事——他们的结局。项羽乌江自刎，他死之前写下一首诗《垓下歌》："力拔山兮气盖世，时不利兮骓不逝。骓不逝兮可奈何，虞兮虞兮奈若何。"项羽在自己都快死的时候了，还慨叹，虞姬呀我该把你托付给谁呢？乌骓马再难奔驰，是我运气不好啊！他还在怨天尤人，儿女情长。

刘邦也写过一首诗《大风歌》："大风起兮云飞扬，威加海内兮归故乡，安得猛士兮守四方。"刘邦当时已经是大汉天子，衣锦还乡还想着招贤纳士，开疆拓土，让各种人才镇守。

由此，我们可以做出这样的推导：

一个人种下一个念头，就会收获一种行为；

一个人种下一种行为，就会收获一种习惯；

一个人种下一种习惯，就会收获一种性格；

一个人种下一种性格，就会收获一种命运。

性格决定命运，习惯决定性格。我就是我，不一样的烟火，这就是习惯造成的。习惯成自然，就形成每个人特立独行的性格。那什么决定习惯呢？是行为。一个行为天天做、月月做、年年做，就变成了一种习惯。那什么决定的行为呢？是念头。

一个人有所思所想，才会有所作所为；一个人有所作所为，才会有所遭所遇；一个人有所遭所遇，才会有人生的格局和生命的结局。

从个人修为的角度说，你我皆凡人，难免有杂念，从成长，到成熟，到成功，无不是从心上去着力的。

日本"经营之圣"稻盛和夫先生有一个成功人生的公式：

人生·工作的结果 = 思维方式 × 热情 × 能力

这个公式还有一种表达，可以写成：

成功 = 价值观 × 热情 × 能力

我们看到在这个公式中，热情和能力的取值都是 0~100，只有思维方式也叫价值观是有正有负的。价值观和思维方式都是由心而生，也就是说，决定人生和工作是成功还是失败的，不是热情和能力有多高多大，而是一个人心的对错。

当年，稻盛和夫先生大学毕业后到松风工业工作，企业眼看就要倒闭，没有人干活，只有人罢工。他一开始也不想干，想离开，但哥哥却给他鼓励，让他调整心态。于是稻盛和夫住进实验室，没日没夜地做实验。终于，他研究出超越当时工业巨头通用电气的陶瓷产品，让企业"起死回生"，也使自己一举成名。在《干法》一书中，稻盛和夫先生讲过一个七十岁的木匠，一辈子就干一件事。老木匠说，树里面住着一个生命，我要用我生命的节奏去跟树木生命的节奏对接。在使用千年大树的木料时，我要经得起千年生命的考验。这段话深深地撞击着稻盛和夫的心。一个木匠，要把自己的心和树木的心对接，实现同频共振，就会创造出鬼斧神工般的作品。同样的道理，当管理者与员工、与客户、与公司内外所有的人都能实现心与心的连接时，那么，所有人的智慧就会被赋能转化，创造出不可思议的奇迹。

心法是最好的方法，给大家推荐八条职业心法：秩序不乱行、操作不违规、尽职不越位、尽责不越权、过错不推诿、功劳不邀宠、补台不拆台以及是非不糊涂。

从经营管理的角度看，经营企业就是经营人心，带团队就是带人心。

一次在粤港澳金融论坛上，腾讯创始人马化腾和顺丰董事长王卫有过一次思维的碰撞。王卫说："10年前我看不起腾讯，觉得当时腾讯不就是个QQ吗？少男少女谈情说爱的工具。没想到10年后的腾讯市值20000亿元，而顺丰只有2000亿元。这10年的发展我们都很辛苦，都很敬业。为什么10年的发展，最后市值却相差10倍呢？"王卫自己总结出四个字，叫"一念之差"。然后王卫举了一个例子，他说："比如一到星期天，我们两个人都喜欢运动健身。我是自己一个人到大山深处骑山地自行车，马化腾是约二三十个好朋友一起去运动，你看我们想的不一样，做的不一样，最后结果也不一样。"

主宰我们的血肉之躯的，是心。心所发出来的就是各种各样的念头。知道了这个道理，我们就要好好呵护自己的每一个念头。

因为：一念成佛，一念成魔。一念天堂，一念地狱。得失成败，唯心所造。

始于格物，达于格心

南宋理学家朱熹在他所著的《大学章句》中，把《大学》中提出的"格物""致知""诚意""正心""修身""齐家""治国""平天下"八项，称为"大学八条目"。《大学》本身对"格物""致知"未作解释，朱熹认为这是原文有阙佚，于是补撰《格物致知传》一章，简要地表述了他自己的观点，给《大学》增添了原来没有的哲学内容。

朱熹认为天下万事万物，无不有理。山河大地、人兽鬼畜、花鸟鱼虫、草木森林都有理，这里的理是天理，可以理解成自然规律。人类社会的君臣、父子、兄弟姐妹以及各种人与人之间的亲情关系也有理，这里的理是人理，可以理解成人事伦理。人心中也有理，这里的理可以理解成人心人性。"格物"中的"格"是探究的意思，人要探究万事万物的理，探究得多了，就会豁然开朗，就能认识到全部的理，这就"致知"了。

朱熹对"格物致知"的解释，在理学内部的不同派别之间，以及理学和反理学的思想家之间，也展开了争论，在客观上促进了理论思维的发展，丰富了中国封建社会后期的哲学思想。

明朝思想家王阳明最初也认同朱熹"格物""致知"的学说。1489年，王阳明回乡途中，遇到了当朝大儒娄谅。当时娄谅已经六十八岁，而王阳明只有十八岁。娄谅不因为王阳明年纪小而轻视他，反而对他立志做圣贤的志向非常钦佩。两人一见如故。王阳明向他请教做圣贤的方法，娄谅向王阳明介绍了朱熹"格物""致知"的理论，并劝勉他说读书格物可以做圣贤。

王阳明信心大增，在其后的日子里勤学苦读朱熹的著述，可是却难寻圣贤之道。就在他十分苦恼迷茫之际，他读到了朱熹的"众物必有表里精粗，一草一木，皆涵至理"这句话。王阳明反思自己，一直读书，没有收获，原来这"理"在草木之中也可以找寻。

于是王阳明看到自家房前面郁郁葱葱的竹子，恍然大悟，这竹子也有理，要格物致知，不如就从房前的竹子格起。王阳明找了一个姓钱的同学一起格。姓钱的同学格了三天三夜，苦思冥想，却始终没有体会到理，反而生了一场大病。

王阳明认为钱同学定力不够，所以没领悟到理，于是自己继续格。他一边格竹子，一边观察冥想。就这样一连格了七天七夜，也没有格出竹子中的理来，反而和钱同学一样，病倒了。

王阳明和钱同学都感慨，这圣贤难道是做不成了吗？

1506 年，王阳明因得罪了朝中的掌印太监刘瑾，先被廷杖四十，后被投入昭狱，第二年又被贬到了贵州龙场驿做驿丞。500 年前的贵州龙场驿条件艰苦至极，遍地虎豹豺狼，原始森林的瘴气也能把人熏倒。在这里生存都很难，还能高谈阔论做圣贤的梦想吗？

当然能。那里幽静而又困苦的环境，反倒让王阳明大彻大悟。王阳明认识到探究万事万物的道理，不如探究内心的道理。因为吃人的大鸟、虎豹豺狼

和狗熊都不能告诉他该怎么做，而出离恐惧和烦恼，让他重生的是他的心。王阳明认识到，心才是感应万事万物的根本，圣人之道也就是理，就存在于每个人的心中。主宰我们血肉之躯的是心，心里住着良知和私欲，我们只要正了念头，就能实现良知。

于是中国文化史上的一个大事件发生了——王阳明龙场悟道。这既标志着王阳明心学的诞生，也标志着中国古代文化哲学达到了又一个巅峰。

王阳明从格物（探究万事万物的道理），走向了格心（探究自己内心的道理），并由此创立了心学。

人与人、人与物的区别在哪里？

在于心。

物对于人的意义如何体现呢？同样在于心的感受。

比如玫瑰，人人都知道代表爱情，送给女朋友，女朋友会喜欢。但是你要是送白菊花，对方就不高兴了，因为白菊花一般用在丧事上。其实就本体而言，玫瑰与白菊花有什么区别呢？不过是性状、颜色、大小、味道不同，可这样会使人产生两种截然相反的情感吗？显然是的，是心赋予了玫瑰和白菊花不同的感情色彩。

同样，得与失、成与败、天堂与地狱等，不也是这样吗？王阳明因为给明武宗上疏劝谏而被刘瑾截获陷害入狱，前后就出现了两重天，之前王阳明是一个官二代，一位体制内的国家干部，突然就变成了一名囚徒，一个被发配的罪人，反差之大，让人接受不了。尤其是面对那个不毛之地龙场，这时候怨天尤人、自暴自弃是没有用的，去和野兽探究道理也是没有用的，能拯救自己的只有探究自己内心的道理。

在企业管理中，阶层不同、角色不同、阵营不同、目的不同就会出现利益对立。作为身份不断转变的当事人又该何去何从呢？该听谁的呢？这时候只能听从自己内心的声音。如果本心觉得一件事是对的，是应该做的，那就应该义无反顾地去做。

公元前 636 年，流亡了近 20 年的晋国公子重耳终于踏上故国土地，他就是春秋五霸之一的晋文公。尝尽了人世间艰辛与苦难的晋文公要找那些当年迫害他、导致他有家不能回的人算账。

就在这时，一个听了让人不寒而栗的名字在他耳边响起："勃鞮（bó dī）求见大王。"

"让他进来！"晋文公怒火中烧。

晋文公盯着勃鞮，恨不能立刻就让他血溅当场。勃鞮是谁，晋文公为何如此痛恨这个人呢？

这事还得从晋文公的出逃说起。勃鞮又叫寺人披，是晋文公父亲晋献公在位时宫里的一名太监。他身形高大、孔武有力，很受晋献公的赏识。

当时晋献公受到宠妃骊姬的蛊惑，要杀死公子重耳。这个杀人的任务就交给了勃鞮。晋献公给了勃鞮两天时间，让他杀死重耳。当时晋国的国都与重耳所在的蒲城相隔遥远。

重耳是晋献公的儿子，而且很有可能成为晋国国君的继承人。对于一般人来说，要杀这样一个人，对自己有百害而无一利，即便有君王的命令，也能在两天时间到达，但那时也许重耳早已经闻风逃跑了。这样既不用杀重耳，也

可以向晋献公复命了。

可是勃鞮并不这么想，他日夜兼程，只用了一天时间就到达了重耳的住地，并且突然发起攻击。重耳根本来不及逃跑。好在勃鞮一击不中，只砍掉了重耳的一只袖子。重耳连忙翻身上墙，趁着夜色逃走。勃鞮刺杀失败再要追赶，已经来不及了。

其后，重耳的弟弟晋惠公继位后，也派人刺杀重耳，而且派的人还是勃鞮。当时重耳已经在翟国娶妻生子，过上了安稳日子。听说勃鞮又要来刺杀他，重耳只能抛妻弃子，连夜逃走。

可以说晋文公的苦难生活，正是从勃鞮刺杀开始的，难怪晋文公会如此恨他。

晋文公盯了勃鞮半天，终于开口说："在蒲城时，君王命你两天赶到，你马上就来了。后来我逃到翟国，同翟国国君到渭河边打猎，你替惠公前来谋杀我。惠公命你三天赶到，你第二天就到了。虽然有君王的命令，但怎么那样快呢？我在蒲城被你斩断的那只袖口还在。我今天不杀你，你最好自己赶紧离开！"

勃鞮说："我以为君王这次返国，大概已懂得了为君之道。如果还没有懂，恐怕您又要遇到灾难。何况对国君的命令没有二心，这是臣子的本分。除掉国君所憎恶的人，就看自己有多大的能力，尽多大的力。您当时是蒲人或翟人，您的父亲、弟弟尚且要杀你，我能怎么办呢？"

勃鞮还举了齐桓公不计前嫌重用管仲的例子，劝晋文公："如果您要算旧账，恐怕国内许多人都会逃走了。"

晋文公一心要做齐桓公那样的霸主，听了勃鞮的话，最终摒弃前嫌，饶恕了他。勃鞮戴罪立功，揭发晋国国内有人谋反的阴谋，这也帮晋文公稳定了政局。

从管理学的角度看，勃鞮这样的下属无疑有很强的执行力，领导让他两天干成的事情，他一天就完成了。为什么呢？因为在他心里，完成领导交代的任务是理所应当的事情，与个人的荣辱利害无关。这种职业操守，无关站队，无关阶层，站在历史的角度，完成使命就是下属的"格心致知"。

因为敬畏，所以无畏

如何格物致知呢？

建议大家从理解下面三个词开始：真诚、慎独、敬畏。

真诚，对别人真诚，对自己也要真诚，如果能对世间万物都真诚，就做到了万物一体为仁。在一家企业当中，如果员工能够对企业万物一体为仁，他就是企业的主人翁。他每天上班下班想的都是企业的事，事业就自然止于至善。孟子说："诚者，天之道也；诚之者，人之道也。"真诚是天的法则，对别人真诚，让自己永远都保持真诚，是人的法则和规矩。孟子所说的就是这个道理。

真诚之上提出慎独。我们每个人在大庭广众之下，都是自己的"精装版"。可是自己独处一室的时候，又是什么样呢？君子慎其独也，越是君子，越要慎独。越是管理者，越要记住慎独。因为身处人工智能时代，每个人都将毫无秘密可言。你现在的坐标、你身边坐的人、你说的话、你读的书、你看过的网站，别人都有可能知道。你身边的手机既是一个定位仪，又是一个照相机，还是一个窃听器。你不慎独能行吗？即便是出于自我约束的目的，也要做到"君子慎其独也"。

慎独之上，还要有敬畏。敬是尊敬，畏是害怕。我从三岁开蒙，会背诵的第一本书就是《弟子规》，其中有句话受益终生，即"入虚室，如有人"。

意思是进入空的房间，要像进入了有人在的房间一样，要做到真诚慎独敬畏。

这么多年，尤其是我做自由讲师的 10 多年里，这句话让我获益颇深。

以心为本，以心育人

现代管理学中把企业文化分为三个层面，分别是物质层面（器物层面）、制度层面和精神层面。企业文化的精神层面就是心治。

高级的企业文化，一定是每个员工从心出发、向心而行的过程；高级的企业文化，一定是每个干部心内求法、心外无物的过程；高级的企业文化，一定是每个老板点亮自己、照亮世界的过程。

其实，经营也好，管理也罢，营销也罢，首先都是攻心战。带团队就是带人心。经营企业就是经营人心。无不是在伐谋。其次才是通过"外交"手段，短兵相接、攻城略地，看上去是大刀阔斧，很有作为，实际上经营和管理效果并不好。

现实中，很多管理者靠的是以权压人。他们认为，我是上级任命的、群众选举的、领导指派的、我身上有这个职务、我手中有这个权力，你就得听我的。这样的管理者完全寄希望于绩效考核、目标管理、360度考评等方法去提升管理，他们通过简单粗暴的规则和手段，在短期内也许会有明显的效果，可是弊端也很明显。

与之形成鲜明对比的是以才胜人，指的是管理者靠专业能力来做管理。比如，他是资历最老的、技术最全的、资源最丰富的、经验最独到的、无可取代的、离开他玩不转的，所以让他做团队负责人、条线负责人，让他做领导。

《孙子兵法》中说："不知三军之事，而同三军之政者，则军士惑矣；不知三军之权，而同三军之任，则军士疑矣。三军既惑且疑，则诸侯之难至矣。是谓乱军引胜。"简单说就是专业能力很重要，以才胜人比以权压人要好，起码是内行领导内行。

可是我们也发现，在中国式管理中，很多卓越的领导者并不是那个领域内的业务能手。比如，《西游记》取经团队中，唐僧在降妖除魔方面的能力不强，他不会任何功夫法术，却是一把手；《水浒传》团队中，宋江的武功远不如其他人，专业能力明显不行，但是他最后却成了众望所归的老大。为什么呢？他们是如何成为老大的呢？这些卓越的领导者靠的就是人格魅力，以心育人，他们都是上兵伐谋的。所以不管你手里有千军万马，还是个把人，不管你企业的规模有多大，从今天开始明白这一点，对于你而言，修身即修心。对于企业而言，管理下属和经营企业无不要撬动心之力。

从以心育人的角度来说，第一要盘活知遇之恩。士为知己者死，对于将相之才和核心骨干，你能不能给他知遇之恩呢？诸葛亮一开始没有什么大的目标，用他自己的话说，"臣本布衣，躬耕于南阳，苟全性命于乱世，不求闻达于诸侯。先帝不以臣卑鄙，猥自枉屈，三顾臣于草庐之中，咨臣以当世之事，由是感激，遂许先帝以驱驰。"刘备三顾茅庐请他出山，表现出最大的诚意，才感动得诸葛亮"鞠躬尽瘁死而后已"。诸葛亮六出祁山，出师未捷身先死，这都是在还刘备的知遇之恩。

管理中，如果想要让下属对你全心，即使没有知遇之恩，起码也要有培

育之恩。培养下属，手把手教他，亲自带他，让他能够成长，这是很关键的。如果培育之恩做不到，那起码能有关怀之恩吧。

曾国藩有一次去巡营，走到水师大将彭玉麟的营帐。他侧耳倾听，有老人说话的声音。于是他就问身边人，才知道是彭玉麟的父母不远千里赶来，专程到军营中探望儿子。曾国藩赶紧进帐，边作揖边说："哎呀，两位老人见谅，我有失远迎。这样吧，今天晚上，我做东好好给你们接风洗尘。"于是当天晚上，大摆筵宴，曾国藩把有头有脸的高级将领都召集到一起，给两位老人接风洗尘。酒宴结束，众人散去，曾国藩让人捧出一大盘金银，说："两位老人啊，我知道你们这次来得很匆忙，马上就要离开，回就回吧，我们马上要打仗，这里也不安全，我略表寸心，这些金银你们留着路上当盘缠用吧。"这么多金银，他们老两口这辈子都花不完。

彭玉麟的父母被感动得无以言表，激动得说不出话来。曾国藩走之后，两位老人对彭玉麟说："儿子呀，你们老大对你这么好，你还不去给他卖命？打仗是要死人的，你那么卖命，恐怕这是我们和你的最后一面呢。"

这种关怀之恩多激励人。你用心地体贴过下属吗？你知道他们家有什么困难吗？你主动给他们打电话嘘寒问暖过吗？你帮助他们解决过难题吗？

如果你说关怀之恩做不到，因为手底下人太多，顾不上，而且自己也粗枝大叶。那么，你一定要养成一种习惯，对每个下属都有赏识之恩，就是要善于发现他的优点，发挥他的长项，鼓励他进步。

管人首在用人，用人首在识人，用人之长，避人之短，用合适的人做合适的事，这是最关键的。稳定工作一年以上的员工都应该是企业的中坚力量，因

为既然他能稳定工作一年以上，说明他是合格的，而且是有忠诚度的，剩下就是管理者如何去使用的问题了。你把下属放在合适的位置上，他一定是块金子，创造奇迹。如果你把下属放在不合适的位置上，那他表现也许就差强人意。所以，作为管理者识人相人的能力很重要。

第二章　源于心性

恭则不侮，卑以自牧

什么是恭呢?《说文解字》中解释"恭"有两层含义，一是容貌上端庄严肃；二是对待他人自我谦卑。《易经·谦卦》有："谦谦君子，卑以自牧也。"王弼注解："牧，养也。"高亨注解："余谓牧犹守也，卑以自牧谓以谦卑自守也。"牧，可以理解为管理。卑以自牧，可以简单地理解为用恭敬谦卑来管理自己。

我国传统文化中特别重视这个"恭"字。《尚书》《诗经》这些经典中频繁出现"恭"字，《论语》中出现13次，其中8次出自孔子之口。在孔子看来，"恭"是对君子的基本要求。运用到企业管理中，"恭"也是对一个企业领导人的必然要求。

一个人为什么能够管理一群人，或者说一群人为什么甘愿受一个人管理?是因为他有过人的智力、视野和资源吗？也许是，但却未必尽然。如果对待部下，不恭敬，激怒他们，领导也会被拉下马。

孔子曰"恭则不侮"，谦恭有礼就不会被侮辱。其实何止是不会被侮辱，简直是受用无穷。

三国时，刘备作为中山靖王之后，雄心勃勃，想要光复汉家天下，可惜时运不济，到处被人排挤，流离失所，没有容身之地。好不容易得了谋士徐庶，总算有些成就，可惜不久之后徐庶就被曹操用计骗到了许都。

刘备对于徐庶非常恭敬，谦逊有礼。正因为如此，徐庶在临别时向他推荐了诸葛孔明。

刘备早就听过"卧龙凤雏，得一可安天下"，因此迫不及待带着关羽、张飞，备了厚礼去拜见诸葛亮。可惜连诸葛亮的影子都没见到，就被小书童给打发回去了。

过了些日子，刘备又带着关羽、张飞拜访诸葛亮。当时正值寒冬时节，大雪纷飞，路途艰难。刘备仍极为真诚地敲开了诸葛亮家的家门。可惜诸葛亮又不在家。

到第三次，关羽和张飞就忍不住了。关羽怀疑诸葛亮根本没什么本事，害怕见自己的大哥。张飞则干脆要去把诸葛亮绑回来交给大哥发落。

刘备却依然保持谦恭有礼，出行时焚香沐浴，郑重其事，又在诸葛亮家的门外等了半天。正是刘备的这份谦恭之心，才让诸葛亮出山，鞠躬尽瘁，最终三分天下有其一，做了蜀汉皇帝。

有的领导人谦恭有礼，获得下属的拥戴，提升了领导力，从而有一番作为。有的领导人傲慢无礼，甚至存心让下属难堪，结果倒了大霉。

"恭则不侮，卑以自牧"这八个字也曾被曾国藩用在选拔干部上。

一天，李鸿章带着三个人去见曾国藩。一见面，李鸿章就笑着说："大人，我麾下要提拔一个人当营官，可是够资格的有三个人，三选一，用谁不用谁，我一时拿不定主意。知道您相人的功夫高，拜托大人帮忙面试一下，我按照您

的意见去提拔。"

曾国藩正忙着呢，就说："少荃啊，我今天的事情安排得很满，没时间给你面试，能过几天吗？"

李鸿章着急地说："大人，请您一定要帮帮忙，我手下着急用人，用错人是要坏大事的。今天给您添麻烦，您就多担待吧。"

曾国藩说："那好吧，你让这三个人等着。我看完让他们去找你报到，你现在也不用等，可以吗？"

李鸿章听后退出。到中午吃饭时候，还没见这三个人回来。李鸿章很奇怪，于是又走到曾国藩的大营，看见那三个人还在门外站着，李鸿章就知道一上午曾国藩也忙着没见他们。于是迈步进门，刚走进厅堂，迎面正看见曾国藩。

曾国藩说："少荃，这三个人我看过了，左边这个能重用，此人以后的功名不在你我之下；中间这个人，是一个小人，你一定不能用，用这样的人遗患无穷；右边这个人可以用，但现在还不能用，要先培养培养，以后再用。"

李鸿章听完，很高兴，但也一头雾水，就问曾国藩："大人，凭什么判断的呢？"

曾国藩说："少荃，我虽然没有和他们细谈，可是我一直在悄悄观察他们。每当我正面面对他们的时候，他们都站得规规矩矩、一本正经。但当我一侧身或背对他们时，他们的表现就不一样了。他们以为我看不见他们，其实不管哪个方向，我都能看见他们。你看这是什么？"

曾国藩用手一指，李鸿章看见一面西洋镜，就是今天家家户户都有的大镜子，在今天是个寻常物，但是在当年可是件稀罕物，普通老百姓家是没有的，只有达官显贵才有。曾国藩这面大镜子也是洋人送的。

曾国藩对李鸿章说："少荃，你看左边这个，一上午，不管我从哪个角度看，他都规规矩矩、端端正正。他身上一股浩然正气，一定能成大事；中间这个呢，我正面看他，他就站得很笔直，我一侧身，他就在我背后窃窃私语，快到中午的时候，更是指指点点。我知道他是怎么回事。现在外面温度很低，他穿得薄，一开始他在抱怨，快到中午的时候，他就开始挑拨另外两人骂我，骂我不近人情罚他们站。左边这个不为所动。右边这个听中间之人的谗言，快到中午的时候，在我背后攥着拳头恶狠狠地望着我。他虽然表面是君子，但是经不得坏人的撺掇，现在还不是大将之才，必须多历练才是啊。对比下来，还是左边这个好，你尽管放心去用，不用怀疑。记住，是左边这个能用，就是脸上有麻子的那个。"

左边那个人是谁呢？那个人叫刘铭传，也是后来台湾首任巡抚，因为生病长了一脸的麻子，所以外号就叫刘六麻子。后来他的功绩真不在李鸿章之下。

谦谦君子，卑以自牧。凡事留分寸，事不做太绝，话不说太满，路不走极端，天地留一线，江湖好相见。春秋时期，楚庄王有一次夜宴群臣，并让自己的爱姬起舞助兴。突然，灯烛被一阵大风吹灭了。一人趁机拉扯楚庄王爱姬的衣服，这个爱姬也很聪明，顺手就扯下这个人帽子上的红缨带。她哭着请楚庄王追查，楚庄王不但没听，还下令大家都摘下帽缨，然后再掌灯，这事也就不了了之。3年后，楚国和晋国打仗，楚庄王中计被围，绝境中被一员大将拼

命救出重围，这个人叫唐狡，就是那天晚上拉扯楚庄王爱姬衣服的人。

现代社会，一个企业家要想成功，对待下属、对待合作伙伴必须要有一种恭敬的心态。毕竟现代企业是庞大而复杂的系统，需要更多人配合，群策群力，不是一个人能成事的。

宽则得众，海涵地负

"宽"在字典中有很多含义，阔大、解脱、原宥、不紧迫，都可以用"宽"来形容。传统文化很重视"宽"，比如"宽以待人""宽宏大量""宽大为怀"，这里特指的都是心地，可以说"心地宽"是古代圣贤认为君子应该具有的品质。

"宽则得众"，领导者心地宽了，就自然能得到众人的拥护，这难道不是高明的领导力吗？正所谓心中能装下多少人、能承载多少事，就有多大的格局。

许多领导会创造一种宽松的环境，让下属能够在相对自由的环境中充分发挥其主观能动性。而那些严峻刻薄的领导，总以为员工会偷懒，因此时时想着监控属下，这样工作效率往往是很低的。

对人的管理也是如此。

战国时期，盛行养士之风。许多王孙公子养食客，最著名的当属"战国四公子"了。四公子之一的孟尝君礼贤下士，门下食客多的时候有三千人。

那么孟尝君怎么管理这些食客呢？

话说孟尝君府上有个名叫冯谖的食客，最能体现孟尝君管理食客的办法。

当初冯谖来到孟尝君府上时，穿得破衣烂衫，像一个乞丐。可孟尝君还是诚心诚意地给冯谖行了个礼，虚心请教说："先生有什么可以教我的吗？"

冯谖却说："我没什么可以教你的，只是听说你待人好，我现在穷得吃不上饭了，因此来你这里讨口饭吃。"

试想我们今天要是去一个公司面试，说自己什么都不会，只是想在你这里领一份工资，老板会是什么反应？

但孟尝君并没有生气，他把冯谖安排在客房里，供给他吃穿，还不管束他。

过了一段时间，孟尝君问下人："冯先生这几天做什么呢？"下人回答说："冯先生怪得很，每天弹着他那把破剑，嘴里嘟囔着'回去吧，这里只有饭没有鱼'。"

孟尝君听了这话，吩咐下人要给冯先生准备鱼下饭。后来冯谖又抱怨出门没有车坐。孟尝君什么也没说，就给他配备了专车。

孟尝君的管理办法，在今天看来就好比招聘来一个一无所知的陌生人，给他开高工资、配专车，还不去管他干什么。恐怕世间难有这样的事吧。

可当孟尝君遇到困难时，冯谖的作用就体现出来了。孟尝君的封地在薛地。薛地的许多人都不交租，欠钱也不还，赋税都收不上来。孟尝君派了好些人去催收，结果一无所获。

这时冯谖自告奋勇。他乘着专车，到了薛地转了一圈后，就回来了。孟尝君问他问题解决了吗？冯谖信心满满说全部解决了。孟尝君又问他给自己带回什么东西来了吗？冯谖说："你家里财宝堆积如山，美女如云，什么也不缺，我就把这些欠条都烧了，等于帮你买'义'了。"

　　且不说"买义"这种看来荒诞的说法，单是冯谖不经请示，直接烧了欠条，这恐怕是许多老板都不能容忍的吧。可是孟尝君忍了。后来孟尝君被齐国国君贬官，回到薛地。薛地的人民十分拥护孟尝君。孟尝君以薛地为基地，东山再起。

　　由此可见，孟尝君的"宽"为他带来了莫大的好处。

　　凤凰卫视的创始人刘长乐何尝不是如此呢？我们知道凤凰卫视的窦文涛很有才干，他主持节目风格诙谐幽默，知识渊博，受到很多观众的追捧。但这么一个看来温文尔雅的人，其实是个"刺头"。用他的话说，他是凤凰卫视的"后进分子、意见分子，也是麻烦制造者"。凤凰卫视的很多主持人和员工都不怎么喜欢他这种性格。可是刘长乐有容人之量，因此窦文涛在凤凰卫视如鱼得水，奉献了许多精彩的节目。

　　诚如一个老和尚所说，他们身上穿的田衣，每个方块如同一个人，都是平等的。明白了众生平等的道理，才能宽容他人。

　　对待冯谖、窦文涛这样的精英人士，应该宽，那么对待一般人，又当如何呢？

　　中国传统文化给出了答案，那就是"恕"。恕也是一种宽，也可以得众。曾国藩总结多年的为官经验，写了一句诗："善莫大于恕，德莫凶于妒。"一个人最大的善，就在于"恕"。

　　汉宣帝在位时，经常会突然召见大臣，讨论国家大事。

　　一天，汉宣帝召见丞相丙吉和御史大夫，询问他们西北云中等地的官吏

状况。丞相丙吉对答如流，御史大夫却急得满头大汗，一句话也对答不上。汉宣帝因此夸奖丙吉尽心尽力，斥责御史大夫玩忽职守。

丙吉走出宫门后，暗道幸运，他庆幸当年的一个决定，才让他今天在皇帝面前攒足面子。那天，也是皇帝要召丙吉进宫。丙吉正要出门，却被管家拦住说，车子出了点小问题。原来丙吉的车夫是个酒鬼，嗜酒如命。这天，他又喝得酩酊大醉，吐在了丙吉的专车上，弄得臭气熏天，不能乘坐。

管家狠狠训斥了车夫一顿，并且报告丙吉，要把他赶走。

那车夫听到训斥，又见到丙吉，吓得酒醒大半，可怜巴巴地看着丙吉，等待着丙吉给予严惩。事情虽然着急，但丙吉还是淡淡一笑，对管家说："车子弄脏，就擦洗一下；坐垫弄脏，就换一个。你现在因为醉酒辞退他，以后哪里还会收容他呢？"

事情过去以后，车夫很是感动，他没想到丙吉能够为他一个赶车的小人物着想，从此一心一意服侍丙吉。

一天，车夫赶着车，突然看到有人骑着一匹快马，拿着红白两色的口袋，飞一般冲向皇宫方向。他从小生长在边疆地区，知道那是边疆告急的信件。他驾车紧跟在那匹马后，一直到了皇宫门口，仔细打听，才知道敌人已经侵入云中、代郡等地。

他马上回到相府，把情况告诉丙吉，并建议说："恐怕敌人所侵犯的边郡中，有些太守和长史已经又老又病，无法胜任用兵打仗的事，丞相最好预先查看一下。"

丙吉觉得车夫说得在理，急忙查阅边境郡县官员的档案，对每个人都仔

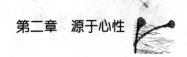

细审查一遍。

　　第二天，汉宣帝果然召他进宫，问及边境地区的人员状况，这才引出丙吉被汉宣帝夸奖的事情。

　　一个团队之中，有中层管理人员，有基层办事人员，对待他们要"宽"要"恕"，这样才能发挥每个人的作用，从而提升领导力。

信则人任，言出必行

"信"在中国传统文化中占据很重要的地位。孔子说："人而无信，不知其可也。"东汉王符说："忠信谨慎，此德义之基也！"北宋司马光说："上不信下，下不信上，上下离心，以至于败。"

对于"信"，古人不仅作为人品考量，而且还提升到了立国治国的高度。

作为管理者应该诚实守信，对于制定的规章制度、做出的承诺，应该如实兑现。

春秋五霸之一的晋文公，原本是个流离失所、被人追杀的落魄公子，为何他能够成为天下霸主，受到许多诸侯国的拥戴呢？靠的就是个"信"字。

晋文公攻打原邑时，和士大夫约定，以十天为限。如果十天攻不下原邑就鸣金收兵。晋文公是这么说的也是这么做的。他出征时，命令士兵们只带了十天的粮草。出乎晋文公预料的是，战事进展很不顺利。眼看着十天时间到了，仍然没有攻下原邑。

这时，晋文公准备下令撤军。晋国的将军甚至士兵们心中不甘，他们认为原邑的粮食已经吃完，再用不了三天就可以攻下。

晋文公却不这么认为，他说："要是那样，我虽然得了原邑，却丧失了信用，损失就更大了。"因此，晋文公还是下令撤军。

原邑的百姓听说了这件事，纷纷称赞晋文公："有这样的君王，我们怎么能不归附他呢？"于是原邑许多老百姓扶老携幼，投奔晋国，这样原邑就不败而败了。卫国的老百姓也听说了这件事，他们和原邑百姓一样，卫国也归附了晋国。

当年晋文公流亡时，受到了楚国国君的款待。晋文公十分感动，说将来他做了晋国国君，万一和楚国开战，他一定命令士兵退避三舍，也就是九十里。后来晋楚两国果然在战场上兵戎相见，晋文公信守诺言，退避三舍，反而麻痹楚军获得了战争的胜利。

国君是一个国家的领导者，说出去的话就是金科玉律，必须遵守。只有这样，臣子们才不敢违抗君命，邻邦也由此知道他是个可以信赖的国君，从而不敢轻慢和侵犯。

作为企业管理者也应如此。诚信是一个企业的生命，也是一个管理者必备的品质。

1999 年，二十五岁的刘强东在中关村贩卖 VCD 碟片。从那时起，刘强东开启了漫长而又辉煌的创业历程。刘强东从第一天做生意开始，给自己定了一个规矩，就是不卖假货。他在中关村卖的碟片都是正版，据他回忆每桶碟片，他能赚 10 元钱。而别人呢，每桶能赚 100 元。这是为什么呢？因为别人卖的是盗版，成本要低得多。

刘强东看着别人在自己的身边卖盗版碟片，赚得盆满钵满，而自己却孤零零地守着只卖正版碟片的牌子，生意惨淡，几乎难以为继。

刘强东在若干年后回忆起这段往事时，感慨地说："这个世界充满了诱惑，当所有人都不这么做，就你一个人这么做的时候，你是吃了大亏。"

刘强东吃了大亏，而且一吃就是 5 年。他在坚持，他的坚持从默默无闻到被人关注。2004 年，刘强东在各大论坛发帖卖碟片的时候，当时国内一个叫 CDbest 论坛的一个总版主说了一句话："中关村那家叫京东多媒体工作室的店，几年以来从没卖过假碟片。"正因这句话，不少人开始关注刘强东，买刘强东的碟片。

刘强东也承认，没有那 5 年坚持做正版的经历，就没有后来的京东电商。

企业的产品应该对顾客守诚信，企业的管理者也应该对自己的员工守诚信。那些不守信用的企业经营者和管理者是走不长远的。

同样，作为一个领导者应该带头遵守规则，而不是根据自己的好恶，随意改变规章制度。

中国古代的那些皇帝，高高在上，他们说的话就是金科玉律，作为臣民一定要遵守。可是当他们不遵守自己当初制定的规则时会有什么后果呢？

清朝末年的慈禧太后，虽不是一国之君，但却拥有比一国之君更大的权力。

1880 年，清朝发生了一件小事，说它小也确实是件鸡毛蒜皮的事情。当时慈禧太后派了一个小太监去给醇亲王的福晋，也就是慈禧太后的妹妹送一些小点心。按照清朝的律令，太监是不能随意出宫的，要是有事出宫必须带腰牌。

当时那个送点心的小太监拿了点心却没带腰牌就来到了醇王府。醇王府护卫森严，门口护军一看有人来了，上前盘问。一问才知道是宫里的太监，护军自然要查验腰牌。

这时小太监才发现没带腰牌，回去拿吧又要跑路费事，因此就和护军交涉，希望网开一面。可能小太监仗着是慈禧太后身边人的缘故，出言不逊，没几句话就和护军吵了起来，最后甚至厮打起来。小太监自然打不过护军，被打得鼻青脸肿，跑到慈禧太后那里，添油加醋，告了护军一状。

慈禧太后不问情由，听信谗言，就惩罚护军。这下朝野震动，御史言官纷纷上疏，痛斥太监跋扈。慈禧太后根本听不进去，一意孤行。最后，还是张之洞出马，上了个奏折，说明了维护护军制度的重要性，慈禧太后才消了气，饶了那几个护军。

领导者也是人，也有好恶，可能会偏爱一些人，也可能对某些人天生有偏见，这种问题在现实中都是正常的。可是一旦在公开行为和公众事件中，领导者就绝不能因为个人的好恶而去随意改变规章制度，甚至挑战公序良俗。比如喜欢一个人，就无端地给他多发工资，讨厌一个人就随意扣他的奖金。否则，在所有人看来，这是一个没有制度、没有标准的企业，就没有人会遵守制度，当然这样的领导也就不会有任选领导力可言了。

敏则有功，建功立业

孔子说："敏则有功。"这里的敏有两层含义，一是快速，二是敏锐，能够见微知著。

快速是什么？用今天的话说就是决策力，面对纷繁复杂的情况，能够快速准确地做出决定，这是一个领导者必备的素质。

984年，西北边关地区传来好消息，前方将领抓住了李继迁的母亲。李继迁是党项族的首领，作战勇猛，为人狡猾，经常攻打宋朝边境，成为大宋朝的心头大患。宋太宗不止一次下令，一定要抓住李继迁。

这次前方将领竟然抓住了李继迁的母亲，宋太宗很高兴，马上召见副宰相寇准商量处理办法。

寇准退朝后，正好碰到宰相吕端。吕端请他到府上喝茶，寇准很为难，支支吾吾，不知道该怎么和吕端说。因为他也不知道皇帝葫芦里卖的什么药，怎么不找宰相商议，而是找他呢？

吕端说："我是当朝的宰相，鸡毛蒜皮的小事就不要和我说，要是大事你可不能瞒我啊。"

寇准想，皇帝要杀李继迁的母亲，这肯定是大事啊。因此就将这件事告

诉吕端。

吕端一听，心想不好，他赶紧进宫，去见宋太宗。

吕端说："陛下，可千万不能杀李继迁的母亲啊！想当年项羽俘虏刘邦的父亲，威胁刘邦，要杀他的父亲。可是刘邦根本不理这事。刘邦尚且如此，何况品行低劣的李继迁呢？您要是杀他的母亲，他肯定拼死心顽抗和我们打到底。"

宋太宗听吕端这么说，觉得有道理，就问他，那该怎么办呢？总不能再把李继迁的母亲放回去吧。

吕端说："那倒不必，我们把李继迁的母亲好好养起来，尽管她不能招降纳叛，但是有她在我们手里，李继迁心中就有顾忌，不敢放开和我们对着干，这样不是很好吗？"

宋太宗一听，果然是个好办法，就按吕端说的办了。

李继迁听说大宋朝不但没有杀他的母亲，而且还派人好好招待，直至病死。

回到当下，从张近东创立苏宁以及苏宁的发展史来看，也能说明"敏"的重要性。

1990 年，年仅二十七岁的张近东在南京下海创业，销售空调等电器。当时他只有 10 万元，而店面租金就花掉了 7 万元，剩下的 3 万元就成了新成立的苏宁交电集团公司的启动资金。

虽说张近东手中没粮，但心中不慌。因为他敏锐地察觉到，当时销售空

调的南京国营大商场内只负责卖货不负责安装，而他迅速创造了一个新模式，从卖空调到送货、安装一条龙服务。正是这种新的空调销售模式让新成立的苏宁迅速壮大。公司成立一年后，苏宁的营收就达到了6000万元。1993年张近东率领的苏宁就成为全国空调销售冠军。

张近东没有自我满足，他又非常机敏地发现，当时空调的制造商品牌众多，竞争激烈，导致回款慢。许多空调生产厂商淡季缺少资金，不能扩大生产，旺季又供不应求。张近东果断出手，在淡季时为一些空调生产厂商提供资金支持，换取旺季的货源，并获得了独家30%的拿货优惠。正是靠着这种策略，张近东打败了当时的八大国营商场，苏宁就此迅速壮大。之后苏宁进军家电销售业，在全国各地开设苏宁销售连锁店。

就在苏宁掌舵人张近东志得意满的时候，搅局者出现了。江苏宿迁的刘强东从中国人民大学毕业后在2004年开办了京东商城，当时主营业务只是销售DVD、电脑等小家电。当年张近东根本不把这个只有区区几千万元销售额的电子销售网站放在眼里。当然张近东有这样的底气，因为哪怕是2008年，京东的营收额达到13亿元的时候，苏宁的营收额已是500亿元，用蚂蚁和大象来比喻两者的差距并不为过。但是另一个电商网站淘宝当年的营收额已经是苏宁的三倍了。

这时，苏宁掌舵人张近东已经没有当年大战八大国营商场时的敏感度了，他依然没有意识到电商的威力。就这样张近东眼睁睁看着京东取代苏宁，坐上了家电销售业的第一把交椅。

截止到 2021 年 6 月，苏宁债务缠身，不得不出让大量股票给新的"接盘侠"，可谓断臂求生。虽然悲壮，但是也可以借机掀开新的篇章。

很多企业成也"敏"，败也"敏"。一个领导者，如果没有敏锐的观察力，不能洞悉市场的变化，并迅速做出决断，那么一定会被时代所抛弃。

惠则使人，与人方便

孔子说："惠则足以使人。"在评价子产时，孔子又说："有君子之道四焉，其行己也恭，其事上也敬，其养民也惠，其使民也义。"其中也提到了"惠"。

那么，什么是"惠"？"惠"字最初的解释是专心，后来引申为仁爱。现在"惠"一般解释为恩惠。作为领导，为属下谋福利，提升待遇，施以恩惠，那么属下就会服从领导，领导者就"足以使人"。

历史上许多出色的领导人，无不明白这个道理。曾国藩便是一个出色的领导人，他曾说："集众人之私，成一人之公。"他之所以能成为晚清重臣，朝廷举足轻重的人物，这种思想无疑起到了很大的作用。

当初曾国藩初到翰林院任职时，同僚赵楫的父亲经常到京城活动。赵楫以此为由宴请同僚，目的是收取礼金。曾国藩看不惯赵楫的这种做法，虽然收到了请帖，但是没去赴宴。赵楫因此怀恨在心。

不久之后，曾国藩连升几级，成了赵楫的上司，赵楫虽然不满，却不敢发作。所谓天有不测风云，人有旦夕祸福。没过多久，曾国藩因为犯错被连降几级，又成了赵楫的手下。

赵楫得意了，他处处为难曾国藩。曾国藩的皮肤病发作了，很严重，只得请假。而赵楫不但不准，还出言讥讽，说他是看不起上司，故意请假撂挑子。许多人替曾国藩鸣不平，曾国藩却安之若素，硬生生地坚持下来。

后来曾国藩又官复原职，重新做了赵楫的上司，许多人认为曾国藩会借机报复，可是曾国藩不但没有这么做，反而更加尊重赵楫了。他有什么问题，都会十分谦逊地去请教赵楫，听他的意见。曾国藩对于赵楫的尊重，让赵楫自惭形秽，从此对曾国藩心生敬佩。

还有一件事，让赵楫彻底对曾国藩折服。曾国藩作为翰林院的人，一部分任务是给皇子们讲解四书五经。曾国藩敏锐地发现，这些教材已经很多年没有修订，内容古板，皇子们都不感兴趣，因此曾国藩力主修订新教材。这项工作完成后，皇帝对于曾国藩十分欣赏，要他拟定一份参与这件事的立功人员名单。

曾国藩把赵楫放在了第一位，同时翰林院许多同僚也榜上有名，而力主此事的曾国藩却不在名单中。在他看来，这是自己分内的事，不应该记功。

曾国藩此举让赵楫彻底心服口服，从此之后他成了曾国藩的坚定支持者。

后来曾国藩弃文从武，带领湘军，让许多人实现了人生理想。曾国藩也因此建功立业，成为朝廷的股肱之臣。这正是"集众人之私，成一人之公"的现实表现。

当然了，那种给人一点小恩小惠，就时时挂在嘴上的做法，也是不可

取的。

1757 年正月初六，发动安史之乱的安禄山死在他的部下严庄、李猪儿手中，终年五十四岁。

要说杀死安禄山的是他最信任、给过最多恩惠的两个人。其中严庄还是个手无缚鸡之力的读书人，安禄山欣赏他的才华，将他从一个无名小卒一路提拔到中书侍郎。安禄山曾经对他说："我是个粗人，你读的书比我多，懂的道理也肯定比我多，我要是有什么过错，你尽管指出，我是不会怪你的。"最初，严庄对安禄山可以说是感恩戴德，积极为安禄山出谋划策，从安禄山起兵谋反到称帝为王，背后都有严庄的身影。严庄常对人说："安禄山对我有知遇之恩，我就是搭上性命，也报不完。"

杀死安禄山的另一个人叫李猪儿，是伺候安禄山的小太监，为人机灵乖巧，安禄山很喜欢他，常常赏赐他金银财宝。

安史之乱后不久，安禄山的眼睛就几乎看不见了，再加上身体肥胖，行动不便，身上又长出好多脓疮，所以，他的脾气变得十分暴躁。每次传来前方战斗失利的消息，安禄山就会打骂身边的人，甚至还经常杀人。许多人就向严庄诉苦。

严庄规劝安禄山，说："胜败乃兵家常事，陛下不必太过担忧。"安禄山一听这话，怒不可遏，大骂严庄："我提拔重用你，难道就是要听你说这些没用的废话吗？早知道你这样没用，当初就该一刀杀死你。"

安禄山越说越气，让人把严庄捆起来，狠狠打了一顿。这个头一开，以后便一发不可收拾。再之后，安禄山对于严庄不是打就是骂。严庄担心自己有一天会像其他人一样被安禄山处死。

李猪儿和严庄的遭遇很相似，安禄山病发时经常毒打他，甚至威胁他："我要是不收留你，还有你的今天？不知道感恩的东西，打死你都不为过。"

就这样，严庄和李猪儿这两个同病相怜的人被逼成同盟。严庄又挑唆安禄山的儿子安庆绪参加他们的密谋。在正月初六这天夜里，严庄和安庆绪遣散安禄山身边的丫鬟和守卫，换成他们两个人把门。李猪儿拿起一把明晃晃的大刀，乘着安禄山毫无防备，一刀捅进安禄山的小腹。

就这样，安禄山一命呜呼，他自己万万没想到杀死他的居然是他最信任、最该对他感恩的严庄和李猪儿。

当下的企业家，许多人都在践行孔夫子这句"惠则足以使人"的古训。董明珠就是一个很好的例子。许多人都知道，她管理严格，是个十足的"铁娘子"。但就是这样一位领导者，许多人却愿意跟随她，心甘情愿接受批评，服从她的领导。这是因为董明珠明白"惠则足以使人"的道理。

2021年2月，董明珠在接受电视台采访时说："马上就会投放3700套房子，科技人员一人一套房，新入职的大学生也可以分房，只要他能在格力干到退休，这套房子就是他的！"除此之外，董明珠领导的格力从不吝啬对员工的奖励。仅2017年，董明珠就拿出108亿元给员工分红。

同样作为优秀的企业家，马化腾、任正非等也不吝啬对员工的奖励，他们都懂得"惠则足以使人"的道理。

一个管理者，如果单纯谈理想，不给属下相应的恩惠，那么这样的理想

迟早会破灭。

综上所述，作为领导要想提升领导力其实也简单，对待下属要有一颗仁爱谦恭之心，要有宽容的雅量，要诚实守信，要有敏锐的洞察力，同时能为下属带来恩惠，这样下属就会心甘情愿服从领导，听从领导的指挥了。

方而不割，圆以处事

如何做领导、如何提升领导力，是许多企业管理者面临的难题。管得太宽，员工懒散，效率低下；管得太严，员工抱怨，纷纷跳槽。和员工打成一片，员工嫌你没架子；和员工保持距离，员工又嫌你装高冷。那么怎么做一个成功的领导者呢？

老子《道德经》中有一句话说得好："圣人方而不割，廉而不刿，直而不肆，光而不耀。"这四句话既是一个领导应该具有的品质，也是一种领导智慧的体现。

什么是"方而不割"呢？方就是方正的意思，割就是割伤，意思是说一个人品格要方正，有坚持、有原则，但不能伤人。

一个人处于社会之中，太圆滑没有性格特点，很容易成为"工具人"。但是一个人太方正，则很难融入，即便融于社会也容易伤人。老子的《道德经》中充满了辩证法的智慧，方与割如果是两极，那么就要在方与割之间，选一个点，作为立身之点。

这个说法虽然听起来有点玄乎，其实古代许多出色的智慧之士，运用之妙，让人由衷敬佩。

春秋时期的著名思想家、外交家晏婴能言善道，又很有原则，在当时晋国、楚国等大国都很有声望。为何说他很有原则，也就是老子所说的"方"呢？

齐庄公在位时，晏婴作为上大夫尽心竭力辅佐齐庄公，他在许多事情上都坚持原则。晋国的栾盈叛晋，逃亡到齐国。在这之前，晋国国君曾经和齐庄公举行过盟誓，双方约定，齐国不得收留晋国叛徒。可是齐庄公根本不把盟誓放在心上，执意接纳栾盈。为此晏婴正言直谏，说齐庄公此举"失信不立"。

后来齐庄公被权臣崔杼所杀，许多人噤若寒蝉，对于齐庄公避之唯恐不及。可是晏婴却不顾个人的安危，扑倒在齐庄公的尸体上号啕大哭。这是对于君臣之谊的坚守。

在许多人看来，晏婴这么一个有原则有智慧的人，应该会无所顾忌地坚持自己的原则吧？其实不然。

齐景公在位的时候，非常赏识晏婴。有一次，齐景公问他身边负责占卜的官员说："你的本领如何呢？"这位负责占卜的官员在齐景公面前夸下海口，说自己能让地震动。齐景公不置可否。他召来晏婴，对他说了刚才和占卜官员的对话。平日里侃侃而谈的晏婴，一句话也没有说。

晏婴辞别齐景公后，立刻去拜访了那名负责占卜的官员。晏婴对他说："之前，我看到钩星在心、房二星之间，大地会动吗？"那名占卜的官员说："会！"晏婴说完便走了。

那名负责占卜的官员先是一愣，接着若有所悟，赶忙拜见齐景公，告诉他说不是自己能让地震动，而是地本身会震动。

齐国大臣田子阳听说这件事后，感慨说：“晏婴之所以没有回答国君的问话，是因为他不想置占卜官员于死地。前去见占卜的官员，是怕国君受到欺骗。晏婴可以说对上忠诚、对下有爱啊！”

晏婴的行为正是方而不割的表现，也正因晏婴精通其中的辩证关系，才使得他能够在极端复杂的政治环境下，长期立于不败之地。

当代许多著名的企业家非常明白作为企业领导，只有真正做到方而不割，才能做好领导的道理。华为的任正非就深知其中的道理。

任正非说过：“真理往往掌握在少数人的手里。倘若一味少数服从多数，常常会压抑、磨灭掉真理。我们在企业管理过程中的口号是民主决策，权威管理。”

1998 年，华为制定了《华为公司委员会管理法》，在此法诞生之前，华为在制度上就有一个非常独特的决策原则——民主决策，权威管理，从贤不从众。

任正非认为，从贤不从众，就是要听众人的意见，但不能事事从众。在关键时刻，总裁可以力排众议拍板定案，这正是企业家敢冒风险、敢于负责的精神体现。

1996 年底，华为公司的决策制度是对基层放开民主，给基层非常宽松的环境，高层加以控制；基层通过文化思想的交汇、碰撞得到融合。1998 年后公司“对基层有信心了，就保持基层的权威管理”，实现对高层放开民主，基层的民主得以控制。

“我们会越来越放开对正确问题民主讨论的环境，但是对不正确的东西我

们会越管越严。只有对不正确的东西管严了，才可能有步骤有幅度地放开。如果控制不住，我们就不敢放松，就只能管死。"任正非继续说，"华为不追求绝对的正确、绝对的完美。"

任正非在总裁办公会议上曾说过这样一段话："如果我一直抓着权力不放，个人权威越来越强，这样可能对我个人来说是很兴奋，得意扬扬的，因为这样我的权力很大啊！但公司就危在旦夕了，公司最大的危险就是我的个人威望还在提高，所以，华为现在要认同新的干部接班起来工作，接班人不断地要建立威望，这个威望就是自我批判。"

任正非正是为致力于建设一个长盛不衰的公司，高瞻远瞩地去构筑企业大厦而创建出一个良好的、富有持久生命力的决策组织与制度，使企业列车始终遵守既定轨道运行，摆脱对人才、技术、资金的依赖，从"人治"走向"法治"。

《理想国》的作者柏拉图认为，人民选举领袖，并不是最好的方式，因为他们不是根据谁最有能力、最有资格出任领导而做出判断，而是根据谁的人缘好、谁最有亲和力来决定谁是领导。另一方面那些非常坚持原则的领导者，往往会得罪人，从而不被下属所拥护，也是没有领导力的。因此作为一个领导应该既遵循原则，又不伤及他人。

直而不肆，以迂为直

"直而不肆"，"直"是耿直、正直，"肆"是放肆。这句话的意思是说圣人应该做到正直而不放肆，要学会变通。

做人要堂堂正正，品质要正直。对于一个领导者而言，不畏强势、维护正义、敢说敢为、坚持原则，这是正直的表现。但是正直不是独断专行，不是肆无忌惮。中国古代历史上许多经典故事都证明一个人肆无忌惮就是衰亡的开始。

刘邦在建立了大汉王朝后，志得意满，有一次在和群臣饮宴时，想起半生戎马、惊心动魄的楚汉之争，想起那个力拔山兮气盖世的对手项羽，不由得感慨万千，便问了大臣们一个问题："你们知道我为什么能够战胜项羽夺得天下吗？"

在场的许多大臣，都是和刘邦一起打天下，立过大功的功臣，因此便七嘴八舌议论起来。有人说："陛下赏罚分明，因此夺得天下。"有人说："大王爱护属下，因此战胜了暴虐的项羽。"

刘邦听了摇摇头说："你们只知其一，不知其二。论运筹帷幄、决胜千里，我不如张良；论治理国家、保障后勤我不如萧何；论领兵打仗、百战百胜，我

不如韩信。这三人都是当世一等一的英雄豪杰，他们为我效力，因此我才能夺得天下。而我的对手项羽呢？只有一个范增，还不好好利用，所以才会输给我。"

与刘邦相比，项羽绝对是一个直人，他敢打敢拼，建功立业，成为西楚霸王。就是这样一个直人，在建立一番功业之后，渐渐放肆起来。他打败了秦兵，一次就坑杀二十万降卒。攻下咸阳后，又一把火烧了阿房宫。自立为西楚霸王，分封刘邦等十八路诸侯王。

楚汉相争胶着之时，范增等人几次建议项羽下定决心除掉刘邦。特别是在鸿门宴上，失去了唾手可得的消灭对手的机会。项羽太过自大，已经到了放肆的地步，全由着自己的性子来，听不进任何意见。因而范增出走，许多人离开了项羽，最后西楚霸王落得个孤家寡人，自刎乌江的下场。

反观刘邦则恰恰相反，他为什么能用张良、萧何、韩信，特别是韩信这种很有锋芒的人，那是因为他懂得隐忍。

当代许多企业家也有着和项羽一样的狂妄。作为一个企业管理者，正直、坚持原则是应该做的，但不能放肆，甚至狂妄，由着自己的性子独断专行，否则往往会以悲剧收场。

光而不耀，韬光养晦

"光而不耀"，这句话很好理解。光是温暖，能带来明亮，但要是到了耀眼的程度，就会伤人了。而且中国的传统文化中，向来讲求中庸之道，这不是什么恶习或是糟粕，而是中国人千百年来对于做人做事的智慧总结。

魏晋南北朝时，北齐名将高长恭，也就是著名的美男子兰陵王，他和潘安、卫玠、宋玉并称为中国古代四大美男子。

高长恭是北齐开国皇帝高欢的孙子，后来被封为兰陵王。关于兰陵王的容貌，史书记载，他是男人女相，不仅长得好，声音也好，而且很有才干，有实实在在的战功，近乎是一个完人。

公元564年，北周集结大军，进攻北齐洛阳。武成帝高湛急忙派兰陵王和大将军斛律光前去解围，后来又调并州刺史段韶前去会合。尽管北齐军十分勇猛，一次次杀退敌人，但是对方人多，北齐的军队渐渐支撑不住，且战且退，最后被包围在邙山。

就在这危急时刻，中军统帅兰陵王，戴着他那摄人心魄的面具，率五百精兵，杀入敌军阵营，一番厮杀，竟冲破重围直达洛阳城下。

洛阳城内的兵士被困多时，见兰陵王呼喊，不敢掉以轻心。直到他摘下

面具，守城官兵这才欢呼着打开城门。最后，两军会合，奋勇作战，竟将北周军队打得落荒而逃。

兰陵王成了北齐人们口中的"战神"，时人还为他写了一首曲子，即《兰陵王入阵曲》。

但兰陵王明白"光而不耀"的道理。为了保全自己，他开始自污。但是他太耀眼了，即便是有些许的瑕疵，也还是不能掩饰他的光芒。最终他还是被皇帝毒死了。

作为企业的管理者，要同样能给属下带来光明和温暖，但是不能太过耀眼。想做一个成功的领导者，要引以为戒。

由戒生定，心上用功

作为领导者，每天难免受到人的恭维，很容易迷失自己，产生虚妄的想法。

东汉末年，有个才子叫祢衡，年少成名，性格孤傲，喜欢评论时政、非议他人。祢衡自负到什么程度呢？大家都知道曹操手下有个著名的谋士叫荀彧，在曹操的众多谋士中也算一等一的人才。然而祢衡却瞧不起他，有一次别人在他面前提到了荀彧。祢衡颇为不屑，说："荀彧啊，可以借他的脸去吊丧。"意思是，荀彧只有个漂亮的皮囊而已。

孔融非常赏识祢衡，把他推荐给了曹操。曹操也知道这人很狂，就让他做了一个击鼓的小吏。祢衡果然狂妄，在宴会上击鼓骂曹，让曹操下不来台。曹操本有心杀他，可是又怕人说自己容不下人。于是就把他推荐给了刘表。

最初的时候，刘表和荆襄一带的士大夫都很看重祢衡，奏章文牍无不请他决定。祢衡更加飘飘然了，几次出言侮辱刘表。刘表可不像曹操，他要了个诡计，把他推荐给了性情暴躁的黄祖。

有一次黄祖宴请宾客，他知道祢衡见多识广，便问他说："当今之世，哪些算得上英雄人物？"祢衡狂妄放言："只有孔融和杨修算得上人物，其他人都

是平庸之辈，不值一提。"

黄祖有点不高兴了，问祢衡："你看我怎么样呢？"祢衡毫不犹豫地说："你就像庙里的泥菩萨，中看不中用。"黄祖大怒，立刻命人杀掉了祢衡。

诚然祢衡有些才情，可是他却沉浸在虚妄之中，认不清自己，所以造成了人生的悲剧。

而东晋时期的吴隐之则比祢衡高明了许多。他一直身居高位，步步高升。有人说他是吉星高照、官运亨通，其实他的秘诀只有一个，那就是清廉，为人正直，从不做过分的事情。

有一次朝廷派吴隐之去广州做官。当时的广州山清水秀，物产丰富，又盛产珍珠，许多人都想去那里做官。吴隐之带着家眷，一路跋山涉水，来到距广州二十里的石门。石门有一眼泉水，名叫"贪泉"，被当地人传得神乎其神，说喝了"贪泉"的水，再清廉的人也会生出贪念，即便是六根清净的得道高僧也不能例外。

吴隐之听了哈哈大笑，跟身边的人说："怪不得，来广州这里做官的人都变得贪婪成性，原来是喝了'贪泉'的水。让我也尝尝这'贪泉'的水，看看是不是果然如人们说的那样？"

吴隐之喝了一瓢"贪泉"的水，觉得除了甘甜之外，和其他泉水没什么不同。

喝了"贪泉"的水的吴隐之走马上任后，并没有变得贪婪，而是始终清廉。他的吃穿用度都非常简朴，在他的影响下，广州官场风气也变得清廉起来。

朝廷有个大臣名叫谢石，非常欣赏吴隐之。他听说吴隐之要嫁女儿，考虑到吴隐之为官清廉，就派了自家的厨子去吴家帮忙。厨子跑到吴家门口，看到吴家冷冷清清，不像办喜事的样子。这时正好有个小丫头牵着一条狗出来。

厨子赶紧上去问："这是不是吴公家？"

小丫头说："是啊！"

厨子说："你们家不是办喜事吗？怎么这么冷清呢？"

小丫头说："你有事就进屋谈吧，我要卖狗去了。"

厨子又说："你卖狗做什么呢？"

小丫头有些不耐烦了，说："我家小姐要出嫁，等钱用呢。"

一时间，吴隐之卖狗嫁女的消息传遍了大街小巷。吴隐之用自己廉洁的作风，换来了人们的尊重，赢得了皇帝的赏识，官也越做越大。

生活中，怒气容易让人丧失理智，做出错误的决定。

晚清名臣林则徐的书房里挂着"制怒"二字，时时提醒自己克制怒气。林则徐小时候脾气很大，父亲给他讲了这样一个故事。有一天，两个壮汉扭送一个年轻人到衙门，告他忤逆不孝。那个县官闻言暴怒，不由分说便下令打了年轻人五十大板。不一会儿来了一个老妇人，说被打的年轻人是他的儿子，那两个扭送他的人是强盗。他们潜入老妇人家偷牛，结果被老妇人的儿子发现，因此争执起来，老妇人儿子不敌，被堵住嘴，扭送到了衙门。

县官这才知道被打的年轻人是被冤枉的，而那两个真正的罪犯却已经逃之夭夭了。

不可否认，懒、贪、色是人的欲望，成大事者要克制自己的欲望，否则

沉迷于这些欲望之中不能自拔，必将身心颓废，一事无成。

曾国藩在京为官时，非常好色，常常跑到大街上去看美女，每每听说谁家女眷漂亮，总想方设法去看看。后来他幡然悔悟，开始写日记，提醒自己要戒色，还把日记给朋友看，让朋友监督他。后来曾国藩终于成功戒色，这才有了后来的青史留名。

可见，懂得克制对于一位领导来说是何等的重要，不仅关系到个人的身心健康，还将直接关系到领导人的威信。

定生智慧，连接赋能

传统儒家经典《大学》上说："知止而后有定，定而后能静，静而后能安，安而后能虑，虑而后能得。"这里的"定"强调只有知道适可而止才能定。

作为领导者，比一般人更应该做到"定"，因为他肩负的责任重大，"不定"就看不清当下的状况，就会做出错误的判断，最终造成不必要的损失。

古代战场形势瞬息万变，加之又没有健全的通信系统，因而更需要统帅有超强的定力。许多名帅，面对战场上复杂的局势，能够做到不动如山。三国时期的诸葛亮便是其中的佼佼者。

诸葛亮错用马谡，不仅丢失了战略要地街亭，而且导致自己困守在西城，身边只有两千五百名老弱残兵。这时司马懿率领十五万魏军朝西城涌来。如果诸葛亮惊慌失措，面对数十倍于自己的对手，任凭部下如何勇猛恐怕也是凶多吉少。然而诸葛亮不同，他有超乎常人的定力，面对强敌，他镇定自若，让手下人打开城门，让几个老兵洒扫街道。自己则带着小童子，高坐城楼之上，焚香弹琴。

城外魏兵的统帅司马懿并非碌碌之辈，也是一位颇有谋略的统帅。他也是懂琴之人。听着诸葛亮的琴音非常镇定，没有一丝慌乱，司马懿错误

判断城内定有伏兵，因此带着数十倍于诸葛亮的兵力弃西城而去。

诸葛亮身边人不解，问为何司马懿见了丞相就慌忙撤退呢？诸葛亮笑着说："司马懿很了解我，他料定我一生谨慎，从不冒险。今天见我如此镇定，认为城内一定有伏兵，因此只好撤退了。"

从诸葛亮之言可以看出，他行事从来不受外界的干扰，遵循内心而动，因此才能化险为夷。

商场如战场，许多企业的管理者、领导者也需要有如诸葛亮一般的定力。

《论语》中有"非礼勿视，非礼勿听，非礼勿言"，这也是《道德经》中"塞其兑，闭其门，终身不勤"的真谛。

慧通古今，万千妙用

简单地说，"慧"是一种判断力，能判断善恶利害。一个人浑浑噩噩，对什么事都没有判断，不是智慧的表现。一个智慧的人，看待一件事会非常清楚通透。

慧是大智慧，不是小计谋、小算计。历史上那些通古今之变，明时代大势的人才是真正的智慧之士。

倪宽是西汉时期廷尉张汤手下的一名小书吏。当时张汤手下有许多像他这样的书吏，处理完公务常会结伴出去打牌喝酒，每天过着浑浑噩噩的生活。可倪宽不同，他一有空就埋头学习。有个同事颇不以为然，对倪宽说："我们说到底也就是个文书小吏，再怎么学习，也不过是抄抄写写罢了，能有什么大作为呢？"倪宽一脸正色，"大丈夫当以天下为己任，真英雄欲为万世开太平！"其他人都笑倪宽说大话，可是倪宽依然我行我素。

有一次，汉武帝对张汤的一个奏折很不满意，吓得张汤赶忙撤回了奏折，回府把起草奏折的文书痛骂了一通。那文书不明所以，急得像热锅上的蚂蚁，可是也没办法。最终还是倪宽看出了问题，并且迅速处理妥当。修改后的奏折让汉武帝眼前一亮，倪宽也最终晋升为汉武帝的御史大夫。

倪宽是有智慧的，他清楚地认识到文书这个行当的出路和自己的不足，因此才能获得晋升。

作为企业领导人不仅要认清自己的出路，还要能看清楚一个企业甚至一个行业的出路，这才是"慧"的表现。

2019 年被称为 5G 商用元年，当许多人对 5G 充满新奇和兴奋的时候，人们突然发现华为已经成为 5G 领域的领军企业。华为公司 CEO 余承东说，华为"具备 5 项世界之最，1 个世界领先"。向来低调的华为创始人任正非面对央视采访时说："世界上做 5G 的厂家就那么几家，做微波的厂家也不多。能够把 5G 基站和最先进的微波技术结合起来，世界上只有华为一家能做到。"

2021 年 6 月，华为公司发布包括手机、智能手表、平板电脑等多款搭载鸿蒙系统（Harmony OS 2）的新产品，这意味着该系统正式搭载智能手机，同时也将打通电脑、电视、智能网联汽车、智能穿戴等终端设备，成为面向市场的正式产品。

华为能有这样的成就靠的是什么？靠的就是任正非通晓大势的"慧"。他带领华为超前布局，知行合一，一步步把设想变为现实，这才有了今天华为在通信领域的领先地位。

第三章　发于修为

太上境界，下知有之

通行版《道德经》第十七章，原文是"太上，不知有之；其次，亲而誉之；其次，畏之；其次，侮之"，很多人都这样读，因为《道德经》的通行版流传很广。其实这样读，第一句就有问题，是解释不通的。

"太上，不知有之"，很多人勉强翻译成白话文是"最好的领导，下属不知道他的存在"，古往今来，国家也好，企业也好，不太可能出现老百姓不知道皇帝是谁，员工不知道老板是谁这样的事。第十七章最后两句——"功成事遂，百姓皆谓：我自然"，如果按照上面第一句的意思，百姓真的不知道皇帝的存在，那为什么最后突然冒出这么一句话呢？事情大功告成，员工却说：这是我们办成的，与老板没有什么关系。既然不知道有老板，为什么结尾还要这么说呢？不太合情理。那真实的情况是怎么样的呢？

《道德经》王弼版和帛书甲本乙本当中，第一句都是这样的："太上，下知有之。"翻译成白话文是：第一等的领导，下属仅仅知道有他这个人。后面的没有变，翻译成白话是：第二等的领导，大家都亲近他、赞誉他。第三等的领导，大家都害怕他。第四等的领导，大家背后都骂他。

这段话，形象地把领导者分成四种层次。我们分别举例说明。

夏朝最后一个王叫夏桀，是领导者四个层次中的第四等，是"其次，侮之"。夏桀把自己比喻成太阳，说太阳惠泽万物，永世不衰，可是夏桀的暴政让老百姓度日如年，百姓在民间都诅咒夏桀说：你这个可恶的毒日头，你什么时候灭亡呢？我宁可和你同归于尽。

"其次，畏之"，是领导者四个层次中的第三等。《三国演义》中的曹操和张飞就属于这种类型。曹操善变多疑，假装自己梦中好杀人，还自导自演真的半夜杀死一个侍卫，搞得人人都害怕他，尤其是值夜班的人更怕他。张飞嗜酒如命，喝完酒就爱打人，手下人也都怕他。到最后，着急给关羽报仇的他先是给下属下达一个不可能完成的任务，后又是醉酒打人，两个下属范强张达真的害怕，想想反正都是死，结果趁张飞熟睡之际杀死了他。

领导者四个层次中的第二等是"其次，亲而誉之"。任正非曾经多次提到，要让华为的中高层管理者学习孙嘉淦。孙嘉淦是清朝康雍乾时期的名臣，以敢于直言进谏而青史留名。孙嘉淦在乾隆元年的一份奏折中写道："耳习于所闻，则喜谀而恶直；目习于所见，则喜柔而恶刚；心习于所是，则喜从而恶违。三习既成，乃生一弊。何谓一弊？喜小人而厌君子是也。"把这段话放在今天的企业管理中，是要提醒每一位企业管理者不要总喜欢别人夸自己好，那样会形成"喜小人而厌君子"的局面，"亲而誉之"的管理者并不是最好的企业形象代言人。

第一等的领导是下属仅仅知道他的存在，在他的战略指引和精神感召下，尽职尽责、自动自发地工作，当目标达成、功业成就的时候，甚至下属都感觉领导似乎没有出力，成功似乎跟领导没有什么关系。殊不

知，这样的领导是最卓越的，正所谓"生而不有，为而不恃，长而不宰（生养万物而不据为己有，作用万物而不自恃己力，引导万物而不主宰控制）"，好的领导就像太阳一样，普照大地却没有私心，为万物提供能量而不贪功，万物似乎是自己在成长，可是如果真的没有太阳，这个世界还存在吗？

任正非写过一篇文章叫《由必然王国到自由王国》，其中有一段话是这样的：一家企业的内外发展规律是否真正认识清楚，管理是否可以做到无为而治，这是需要我们一代又一代的优秀员工不断探索的问题。只要我们努力，就一定可以从必然王国走向自由王国。

在这段话当中，有3个词需要解释，分别是必然王国、自由王国、无为而治。必然王国，指的是因为没有悟道，人们困惑和受制于自己和外部世界的状态。自由王国，指的是人们悟道尊道，真实自然，自由自在的状态。放在企业管理的语境当中，自由王国就是"太上，下知有之，功成事遂，百姓皆谓：我自然"的第一层次的领导境界。无为而治中"无为"二字，是《道德经》中第一等领导者（太上）要实现"下知有之"的具体做法，就是说要成为第一等的领导者就要学会"无为"。那什么是无为，领导者该无为还是该有为？还需我们一起继续思辨。

有所作为，抓大放小

作为一家企业的管理者，必须要明确自己的岗位职责和职权范围，同时也要让下属明白职责任务，做到抓大放小，抓住大的战略、计划，同时放权给下属，让每个人都发挥作用。只有这样才能形成一个良好的团队氛围，从而提升领导力。

中国传统文化最讲求抓大放小，抓主要矛盾，许多名言警句、经典故事都体现了这一点。

儒家代表人物孟子说："知者无不知也，当务之为急；仁者无不爱也，急亲贤之为务。尧、舜之知而不遍物，急先务也；尧、舜之仁不遍爱人，急亲贤也。"

这句话的意思是，聪明人对于天下的事，没有不知道的，但要是事事都知道，也会不胜其烦，毕竟人的精力是有限的，所以应该以最紧要的事情为先。像尧舜这样的先贤圣哲也不是遍知一切，因为他们要办最重要的事情。同样的仁爱之人，可以爱所有的人，但这是不现实的，他们以先爱亲人和贤人为第一要务。尧舜这样的先贤就是这么做的。

孟子这句话对于管理者而言，很有启发意义。了解一件事或者管理一个

团队，应该抓主要的、紧急的事情。管人也一样，应该抓住"贤者"。

春秋时期，孔子有个学生，名叫宓（fú）子贱。孔子推荐他到鲁国单父也就是今天山东的单县担任父母官。这个宓子贱领导力非常强，史书记载他每天弹弹琴就能把单父治理得井井有条，人民安居乐业。事实真的是这样吗？

其实不然，他只是善于抓急务，抓主要的事情。

宓子贱非常聪明，刚到单父的时候，他发现单父治理不好是因为处处受到鲁国国君的干涉，因此单父的父母官很难完全按照自己的理念治理地方。宓子贱认识到这一点，便立刻着手解决这个问题。

宓子贱刚上任不久，鲁国国君就派了两个人来考察单父的治理情况。宓子贱带领属下，热烈地欢迎他们，并且召开了一个会议，要求每个参会人员总结过往，展望未来，让国君的那两个近臣做笔录。

会议开得非常成功，各个官员畅所欲言，国君的两个近臣却急得满头大汗。因为每当他们要记录的时候，宓子贱总是有意无意地拽他们的胳膊，或推推他们的手。结果会议开完了，两人什么也没记下，反而因此被宓子贱骂了一顿，又羞又恼，回京去了。

鲁国国君问他们宓子贱是如何治理单父的。两人便乘机向国君告了宓子贱一状。他们说："宓子贱这人太不像话，他拉着我们，不让我们记录，反而怪我们没有把会议内容记录下来。请国君治他的罪。"

鲁国国君听完，会心一笑，心想，宓子贱这是嫌我掣肘他治理单父呢。从此之后，他再也不干涉宓子贱了。就这样，宓子贱根据自己的理念治理单父，单父得以长治久安。

还有一件事说明宓子贱抓"当务之急"的能力。

当时，齐国和鲁国常发生战争，单父作为鲁国的边境地区，经常受到战争威胁。那一年麦收时节，齐国又派兵来攻打鲁国。

眼看单父城外麦浪此起彼伏，沉甸甸的麦穗却不能收割，单父城里的人心急如焚。有人建议宓子贱，趁齐国军队还没到来之前将城里的官员百姓派出去抢收，不管谁种的，谁收了就归谁所有，这样可以尽可能减少损失，也免得被齐军收走。

宓子贱却充耳不闻，只顾弹琴，自娱自乐。结果没几天，齐国军队来了，将麦子抢收一空。许多人因此埋怨宓子贱，鲁国的一些大臣也对宓子贱横加指责。

宓子贱却说："今年没有麦子，明年可以再种。如果官府这次发布告令，让人们去抢收麦子，那些不种麦子的人就可能不劳而获，单父的百姓也许能抢回来一些麦子，但是那些趁火打劫的人以后便会年年期盼敌国的入侵，民风也会变得越来越坏，不是吗？其实单父一年的小麦产量，对于鲁国的影响微乎其微，鲁国不会因为得到单父的麦子就强大起来，也不会因为失去单父这一年的小麦而衰弱下去。但是如果让单父的老百姓以致鲁国的老百姓都存了这种借敌国入侵能获取意外财物的心理，这是危害我们鲁国的大敌，这种侥幸获利的心理难以整治，那才是我们几代人的大损失呀！"

在宓子贱看来，相比损失一些麦子，人心、民风才是第一要务。实践证明，宓子贱做对了，单父在他的治理下，老百姓安居乐业。他的老师孔子还因此夸奖他，说他能治理更大的地方。

许多成功的企业也认识到了抓"当务之急"的重要性。众所周知，截止到 2020 年底，大疆公司是无人机领域的"独角兽"，大疆产品占据了全球超 80% 的市场份额，国内超 70% 的市场份额，在全球民用无人机企业中排名第一。就是这样一家公司，2019 年 1 月却突然发布公告，处理了 45 名贪腐人员。这对于一直以正面形象示人的大疆公司来说无疑是个丑闻。但是大疆公司的管理层明白，当务之急不是要掩盖，而是要彻底解除内部贪腐给公司带来的巨大隐患。据大疆的公报说，这 45 名贪腐人员不仅导致公司损失高达 10 亿元的纯利润，而且对于公司的供应链甚至产品质量都造成了一定的影响。可见处理内部贪腐问题已经成了"当务之急"，成了第一要务。大疆公司也很快地解决了这个问题，让公司得以稳步前进。

《孙子兵法·九变篇》中说："途有所不由，军有所不击，城有所不攻，地有所不争，君命有所不受。"这句话的意思是说，有些道路不要走，有些部队不要攻击，有些城池不要进攻，有些地盘不要争夺，君王的命令也不一定全盘接受。这句话的精髓就是提醒领导者要分清主次，抓住主要矛盾。

历史上有许多出色的领导人，比如三国时期的刘备，从一个织席子贩草鞋的逆袭成为蜀汉皇帝，领导五虎上将千军万马，应该没有人会否认他是一个出色的领导者，拥有很强的领导力吧？然而刘备作为一个领导者，分不清主次，这是他最大的弊端。

刘备"借"荆州、夺益州，从而有了与北方曹操、东南孙权三足鼎立的实力。当时天下大势确实也是如此，孙、刘联手可以抗衡北方的曹魏，他们之中的任何一方要是单干，甚至互相拆台则有被灭的危险。

因此，对于刘备而言，当时的主要矛盾是和曹魏的矛盾，而与孙权的矛盾是次要矛盾。刘备作为蜀汉政权的领导者却对此没有清晰的认知，先是派了关羽守卫荆州。关羽自视甚高，根本看不起孙权一方，更不用说执行联吴抗曹的方针了。

关羽兵败被杀后，刘备恼羞成怒，急于报仇，不听诸葛亮的劝阻，几乎是举全国之兵，杀向东吴。仇恨与愤怒让刘备丧失了理智，不用说抓主要矛盾了，就是基本的行军打仗方略也被抛诸脑后，一味乱冲乱撞。结果被东吴将领陆逊火烧连营七百里，大败而归。

这次贸然出击，不仅让蜀国的实力大大折损，连刘备本人也病逝白帝城，把生性懦弱的刘禅早早推到前台。这不得不说是个历史悲剧，而这悲剧的主要原因就是刘备没有抓住主要矛盾，抓小放大，结果可想而知。

现代企业管理也是如此。像腾讯这样的互联网巨头，管理非常严格，规章制度也是非常健全。但是腾讯的创始人马化腾却对一个人非常地纵容。这个人就是张小龙，张小龙也不负所望，开发出了微信。这就是一个企业管理者抓主要矛盾，抓大放小的重要性。

急之不白，操之不从

"事有急之不白者，宽之或自明，毋躁急以速其忿；人有操之不从者，纵之或自化，毋躁切以益其顽。"这是《菜根谭》中的一句话，意思是说很多事情，你越是着急想弄明白，就越弄不明白。遇到这种情况，不如先放一放，也许事情自然就明白了。有些人你越是管他，他越不服从，遇到这种人，不如暂时放松对他的约束，也许让他自己明白，反而更有利于管理。

我认为，一个优秀的管理者，一定要有让子弹飞一会儿的胸怀和手段，就是这个道理。

《菜根谭》是明朝一部著名的以处世思想为主的格言式小品文集。这句出自《菜根谭》的名言可谓深得管理学的精髓。

"事有急之不白者，宽之或自明，毋躁急以速其忿"，对于大明朝的末代皇帝崇祯而言，就面临着这样一个想不通却非常急切的局面。

崇祯皇帝从哥哥手里接过皇位之后，怎么也没想到大明朝传到他手里就是个烂摊子，内有宦官专权和农民起义，外有边患。他非常着急，据说二十多岁已经急得头上有了白发。

人要是着急就难免躁切。崇祯皇帝上台后就迅速解决了魏忠贤的阉党集团，消除了宦官专权、皇权旁落的隐患。但魏忠贤被处决后，大明朝的实力急转直下了。

崇祯皇帝急于改革，对于许多地方重臣和边关守将寄予了很大的期望，一旦发现那些大臣稍微达不到他的预期，便会大肆杀戮。崇祯在位17年，处决的总督有7人，巡抚有11人，连边关柱石袁崇焕也被他处决了。就这样，大明朝一步步走向了灭亡，最终崇祯皇帝自缢身亡。

现代企业中，就有很多还没想明白就急躁冒进大肆扩张的企业领导者，为此他们付出了沉重的代价。

1996年，三十岁的郭家学意气风发，收购了一家国有医厂。在此基础上，郭家学建立了后来让他名声大噪的东盛药业。郭家学很有魄力也很有实力，短短一年时间，他就建立起覆盖1000多个县的销售网络，公司销售额也从30万元直接翻了100倍，达到了3000万元。3年后，东盛药业已经成为上市企业，而郭家学本人也成了当时中国最年轻的上市公司董事长。

在之后的4年里，他又先后收购了盖天力、潜江制药等30家制药企业，郭家学成了当时名噪一时的资本狂人。其实就在这快速的扩张之中，已经埋下了巨大的隐患。2006年，东盛集团的债务已经达到了惊人的48亿元，其中还有很多高利贷，一个月仅仅利息就要3亿元。

当初那个意气风发的郭家学——中国上市公司最年轻的董事长跌下神坛。好在，郭家学挺了过来。

现在回头来看，郭家学真的看明白了当年那股医药业兼并的浪潮了吗？其实未必，当时他要是能够做到"事有急之不白者，宽之或自明"，也许结果

就不同了。经历了事业的跌宕起伏和岁月的洗礼，今天的郭家学不仅重新站了起来，而且格局和境界更高远了。郭家学云淡风轻地说："我现在想的不是去做世界 500 强，我只想把我的企业做成屹立世界 500 年。"

爱国治民，能无为乎

老子在《道德经》中振聋发聩地提问："爱国治民，能无为乎？"意思是作为帝王将相，真的能什么都不管吗？

很遗憾，很多人把无为理解成了不作为。

《道德经》一直被称为帝王将相的南面之学。中国历史上喜欢《道德经》的帝王很多，亲自注解《道德经》的至少有 5 位，其中梁武帝、宋徽宗这两个皇帝最有代表性，他们喜欢《道德经》到了痴迷的程度，而且特别推崇"无为而治"。

梁武帝崇佛是众所周知的，其实梁武帝也痴迷道，并留下《老子讲疏》六卷传世。梁武帝推崇"无为而治"，可是却错误地将"无为"理解为放手不管，他经常舍身出家，经常印经书、吃素、放生等。

"南朝四百八十寺，多少楼台烟雨中。"这四百八十寺基本上都是梁武帝修建的。可是他那么推崇无为，却搞得国库亏空、民不聊生，自己苦于修行，却也没有善终，最后饿死在台城。

宋徽宗也痴迷《道德经》，传世有《宋徽宗御解道德真经》一书。他特别推崇"无为而治"，可是也把"无为而治"理解成"不立一物，不废一物"。

他琴棋书画方面的造诣的确很高，可是国家呢？生灵涂炭，民不聊生。宋江起义，方腊起义，金人入侵，国破家亡，宋徽宗被金人俘虏到东北，最后饿死在东北五国城。

积极作为，但不乱为

相比于梁武帝、宋徽宗的不作为，如果要在中国历史上找一个积极作为的皇帝则非汉武帝莫属。

汉武帝一改西汉初年的"无为而治"，几乎是东南西北四面出击，开疆拓土，据有的历史学家考证，汉武帝时期，西汉的版图有 2560 多万平方公里。可是这么有作为的汉武帝，带给国家和百姓的是什么呢？国库亏空，民不聊生，老百姓卖儿卖女，易子相食惨不忍睹。直到汉武帝晚年，他也清楚地认识到，自己的作为并没有带给国家和百姓福祉，公元前 89 年三月，汉武帝颁布《罪己诏》，向全国做自我批评，特别提到："（朕）所为狂悖，使天下愁苦，不可追悔。自今事有伤害百姓，靡费天下者，悉罢之。"

任正非四十三岁白手起家，创建华为，到 2019 年，华为成为中国民企第一，全球利润第一，全球设备供应商第一，全球基站建设数第一，5G 技术世界第一。但他仍坚持深夜下飞机排队打车。

任正非的修为，非常符合《道德经》第三十九章的表述，"贵以贱为本，高以下为基。是以侯王自谓孤、寡、不谷。此非以贱为本邪？非乎？至誉无誉。不欲琭琭如玉，珞珞如石。"翻译成白话是这样的，高贵是以低贱为根本

的，高大是以卑下为根基的，那些王侯将相称呼自己是孤家寡人，不能虚怀若谷，这难道不是领导要以低贱为根本的道理吗？不是这样吗？所以说，最高的赞誉是没有赞誉。领导者，不要让自己成为光芒耀眼的美玉，要返璞归真，让自己成为一颗灰白颜色和着泥土的小石头。

民莫之令，萧规曹随

"民莫之令而自均"，这句话出自《道德经》第三十二章，意思是说百姓不需要被催逼指使，也能自发地按照圣人的意愿去做事。

这句话很符合老子无为而治的思想，也说出了现代管理学的核心。在提倡人性解放的今天，再要像过去那样强迫劳动、苛责员工、动辄处罚以管理企业，注定是做不大的。因为那样做既不符合当下社会的主流价值观，也严重限制了企业的发展和进步。

为了所谓的加强管理，于是层层增设管理人员，形成庞大的管理机构，用老话说就是官僚主义。官僚主义在今天的企业中也还是或多或少存在。许多企业在最初是很有效率的，但随着实力的增强、流程的规范、管理者思维定式的形成，管理人员不断增多，层层管理，层层审批，不仅降低了工作效率，而且主要管理者的领导力也下降了。他管理的只是他的下一层，而更下层或者基层员工是管理不到的。

企业里的官僚主义不仅伤害的是企业的生产效率，还让企业的高层与基层脱离，从而使高层丧失了领导力。只有对企业的管理制度化繁为简，裁减不必要的管理人员，才能让企业重新恢复活力。

"其政闷闷，其民淳淳；其政察察，其民缺缺"，这句话出自《道德经》第五十八章，意思是说统治者如果用宽松的政策来治理百姓，那么百姓就会祥和淳朴。统治者如果实施暴政，老百姓没有了纯朴的心灵和自由的空间，反而更加难以治理。

西汉初年汉惠帝在位时，宰相萧何奉行无为而治的治国方式，让老百姓休养生息，百姓生活得以改善，汉朝的经济也得以快速发展。不久之后，萧何就去世了，临终前他向皇帝推荐了曹参作为继任者。

许多人难以理解。因为曹参和萧何都是西汉王朝建立的功臣，刘邦在分封时明显偏向萧何，这导致曹参的不满，两人因此生了嫌隙，甚至达到水火不容的地步。但是，出人意料的是，就在萧何临终时，他建议汉惠帝用曹参做宰相。

如果把皇帝比作一家公司的董事长，那么宰相就相当于CEO。曹参这个CEO不仅新上任，而且是前任的死对头，大家都在想，他肯定要改变原来的一切。可是曹参并没有像人们想象的那样，改变治国方针。他用了一个最简单的方式，那就是延续前任无为而治的方针。

许多锐意进取追求声名的人，希望曹参能够采取更积极的施政方针，可是他一概不理这些人的建议，更不重用他们。而对于一些忠厚的人虽然犯了一些小错误，曹参不仅宽恕他们，而且继续重用。

曹参一天到晚"无所事事"，和同僚宴饮，这引起了汉惠帝刘盈的不满。他猜想这个曹参是不是依仗开国功臣的身份，不把皇帝放在眼里，消极懒政呢？

曹参解释说："陛下不如您的父亲，我呢不如萧何，我们能搞出一套更高明的政策来吗？显然不能，现在您垂拱而治，我们谨守法度，天下自然大治，这不是很好吗？"

一语惊醒梦中人，汉惠帝这才意识到，曹参是位合格的宰相。由此诞生了一个成语，叫作"萧规曹随"，字面意思是萧何制定的法规，曹参紧紧追随，坚决执行，绝不乱为。这就是曹参极其高明的执行力，也是领导力，是一种无为而治的领导艺术。

深藏若虚，谨守分际

"将军之事，静以幽，正以治。能愚士卒之耳目，使之无知。易其事，革其谋，使人无识。易其居，迂其途，使人不得虑。"这是《孙子兵法·九地篇》中的一句话，意思是说，作为统率军队的领导者，要镇静而深邃，要公正而严肃；要能对士卒保密，让士卒一无所知；要经常改变行事风格和做事习惯，使人们无法识破你的用意；要不断改变驻扎地和行军的路线，使人们没有办法猜透你的真实意图。

这是《孙子兵法》中对于统帅领导力的要求，也就是说作为领导要保持神秘感，领导要研究清楚下属，不能让下属琢磨透领导。

公元前 200 年，刘邦率领的大军被匈奴冒顿单于率领的 40 万大军团团围住。刘邦差点因此丧命。为何冒顿单于会打败大汉皇帝，迫使他签下城下之盟呢？

这是因为冒顿单于有很强的领导力。他崛起的过程也恰恰印证了《孙子兵法》中对于统帅的要求。冒顿单于是头曼单于的太子，小时候被当作人质，软禁在月氏国，吃尽了苦头，甚至还差点丢了命。回国后，他又不受老单于喜欢，太子的位置岌岌可危。老单于只给了这个草原上一人之下、万人之上的太子一万骑兵，让他统领。

冒顿知道这一万骑兵各有各的想法，不会心甘情愿听他的命令。因此他想了个办法，他发明了一种鸣镝也就是响箭，下令鸣镝射到哪里，骑兵们就跟到哪里。

冒顿将鸣镝对准自己心爱的坐骑。这匹坐骑可是帮助他从月氏逃回来的功臣，冒顿对其十分珍爱。因此有些士兵犹豫了。结果冒顿下令将这些士兵处死。

经过这样的训练，士兵们不知道冒顿心里想什么，也不知道什么应该做，什么不应该做，可以说达到了《孙子兵法》中所说的"无知"的状态。

冒顿单于将鸣镝对准了自己的父亲头曼单于，结果这次他手下的骑兵毫不犹豫地将鸣镝射向了头曼单于。就这样，冒顿单于成为草原上独一无二的领袖。

匈奴东边是东胡，他们听说冒顿单于杀死自己的父亲自立为王，便十分瞧不起冒顿，有意挑衅制造事端。

起初，东胡派使者对冒顿单于说："听说老单于在世的时候，坐骑是匹千里马，我们大王派我来要这匹千里马。"冒顿单于的臣子们听了大为恼怒，知道这是东胡有意挑衅，便劝阻说："千里马不仅是我国的宝贝，更是大王您的颜面，东胡提出这样的要求实在是太过分了。"

冒顿单于却说："千里马再好，也只是一匹马。怎么能因为一匹马和我们的邻居起冲突呢？"于是冒顿单于将千里马送给了东胡。

紧接着东胡又派来使者，这次他看中的是冒顿单于的爱妾。匈奴大臣们

听后更是义愤填膺，纷纷建议冒顿单于不惜一战，维护尊严。

冒顿单于却不这么认为，他觉得不能因为一个女人和邻国开战。

东胡国王觉得冒顿单于软弱，便得寸进尺，要求匈奴把1000亩的土地划给东胡。匈奴的大臣们觉得，既然单于能够把宝马、美姜送给东胡国王来维护两国间的关系，那么这次也一定会答应东胡的要求。于是有些大臣便上疏建议将土地划给东胡。

冒顿单于看到这些谏书，大发雷霆："土地是一个国家的根本，没了土地我们怎么生存呢？"他下令立刻处死那些建议割地的大臣。

冒顿单于的做法正印证了《孙子兵法》中的"易其事，革其谋，使人无识"，就这样冒顿单于在草原上树立了绝对的权威。匈奴上下紧紧围绕冒顿单于，上下一心，严格执行冒顿单于的命令。短短几年时间，匈奴就成了北方的霸主，连汉高祖刘邦都差点成了冒顿单于的阶下囚。

管理一家企业如同统领一支军队、治理一个国家，核心领导人应该拥有相对的神秘感，让下属不知领导所"好"，这样就不能投其所好，从而树立起领导的绝对权威，这是很有必要的。

"功当其事，事当其言，则赏；功不当其事，事不当其言，则罚。"这是《韩非子·二柄》中的一句话。意思是说一个人的功绩和他的职事相符，职事和他说的话相符合，就赏；功绩不符合职事，职事和他说的话不符合，就罚。

这句话放在企业管理中，意思就是要各司其职，不能逾越。作为领导应该把握大方向、大战略，作为下属应该严格按照领导的战略和方案执行。如果下属逾越，作为领导就应该及时制止，只有这样才能提升领导力。

三国时期的诸葛亮，毫无疑问是名出色的领导。他身居隆中，就为刘备制定了三分天下的策略，关羽、张飞、赵云等猛将按照这个策略，东征西讨，终于建立了蜀汉政权。为了保住蜀汉政权，诸葛亮采用了以攻代守的策略，六出祁山，给曹魏很大的压力，这样三分天下的局势仍然能够维持。

但是有个人却对于诸葛亮的策略颇有意见，此人就是魏延。诸葛亮第一次出祁山时，原计划率大军一路向西，攻取凉州，和孟达的东线形成分进合击之势。然而孟达起兵失败被杀，虽然不影响诸葛亮以东线为疑兵的大战略，但他还是为谨慎起见，有意听取其他将领的意见。

于是诸葛亮召开了一个小型军事会议，参加的有魏延、杨仪等高级将领。会上魏延侃侃而谈，几乎全盘否定了诸葛亮的西进策略，提出了另一个计划。魏延说："为什么要舍近求远去攻打凉州呢？我建议直取长安。丞相只要给我5000精兵，我从汉中出发，沿秦岭一路向东，再由子午道往北，十天时间便可抵达长安。这条道都是山路，曹魏方面不可能知道，他们看到天降奇兵，一定不知所措，这样我们就能轻松占领长安。丞相可带大队人马出斜谷进兵长安，我们在潼关会师，这样就可以夺取整个关中了。"

魏延讲得慷慨激昂，赢得了一些人的赞同。但以杨仪为首的一些将军，坚决反对魏延的奇谋，认为他不过是纸上谈兵。双方越吵越凶，严重影响了团结。

客观地说，魏延的计划有一定的可行性，但是与诸葛亮的大战略不符，诸葛亮当然不能听魏延的建议，毕竟临时改变大战略是兵家大忌。

此次会议后，魏延作为蜀汉大将，往往担任一些疑兵的角色，这就是诸

葛亮对于魏延逾越界限、改变主帅战略的态度。

"国家大事，惟赏与罚。赏当其劳，无功者自退。罚当其罪，为恶者咸惧。则知赏罚不可轻行也。"这句话出自唐代名著《贞观政要》，意思是说国家大事，只在赏罚。奖赏的人和他的功劳相当，无功的人自然退避不争；所罚的人和他的恶行相当，做坏事时人们才会感到畏惧，简单地说就是要做到赏罚分明。

上文说到领导要让下属"无知"，要让下属明白各司其职的道理，那么如何做到呢？自然是要赏罚分明。让遵从的下属获得奖励，让违背的下属受到惩戒，只有这样才能激励下属，让下属有所畏惧。

晚清中兴名臣曾国藩在编练湘军时有个原则，那就是"用士人，领山农"。在他看来，士人服膺理学之道，有精神、有信仰，更重要的是对于官场尔虞我诈、损公肥私等习气是一种"无知"的状态。山农则忠勇憨直，没有旧式军队的坏习惯，可以说也是一种"无知"状态。

那么怎么保持这种"无知"状态呢？那就是要赏罚分明。

曾国藩门生故吏众多，有个人让他"三不忘"，而且两次救过他的命，这个人就是李元度。1854年，曾国藩亲自率领已练成的湘军水陆兵勇各十营5000人，奔袭太平军水师驻地，结果遭遇了一场惨败，几乎全军覆没。曾国藩眼看着这些跟随他出生入死的家乡子弟兵葬身异地，羞愧难当，想要以死谢罪。这时幸好他的幕僚李元度安排专人救护，曾国藩才捡回一条命。

同年，太平军趁月黑风高，偷袭湘军外江水师，曾国藩辛苦练就的水师毁于一旦，曾国藩又一次被李元度救起。曾国藩另一件印象深刻的事情是他被困南昌时，李元度率领 3000 人马在江西东北部苦战，牵制住了太平军的主力，为曾国藩赢得了宝贵的喘息时间。

就是这样一个对于曾国藩有救命之恩又有辅佐之功的李元度，却在战场上迷失了自己。也许是他们相处太久的缘故，李元度总是把曾国藩当作老师，当作亲人，而不是当作上级和领导。这样他就不能很好地执行曾国藩的命令了。

李元度守徽州的时候，仅有区区几千人，而太平军却有数万人。曾国藩一再告诫李元度要坚守待援，可是李元度却不听调遣，主动出击，结果大败。徽州失守让曾国藩陷入了非常危险的被动局面。

曾国藩知道这个消息后，非常心痛，尽管有两次救命的恩情，但他为了明赏罚，还是上奏折弹劾了李元度。

现代企业的领导，要让员工无条件地服从，各司其职做好分内事，最关键的就是要建立一套赏罚分明的制度，让员工知道服从领导、执行计划就能得到奖励，反之就要受到惩罚。在这一点上，华为的薪酬体系和奖励制度是非常完善的，当然华为的惩罚也是非常严厉的。2021 年初，刚刚为 10 万名员工发出 400 亿元分红的华为，开除了 5 名造谣公司高管变动、业务出售的员工。正因为有这样赏罚分明的制度，华为才能大幅增强领导力，成为众多企业中的佼佼者。

第四章　止于至善

信守承诺，一诺千金

人们常说"智勇双全"，孙子则在智勇之间，又加上"信"和"仁"。

在宋本《十一家注孙子》中，唐代大诗人杜牧注解得最准确："信者，使人不惑于刑赏也。"

作为管理者，要做到有功则赏，有过则罚，赏罚分明。

晋文公打下了曹国，发下一道命令，三军不许动曹国大夫僖负羁家里的一根草，以报答当年僖负羁力劝曹公招待晋文公的恩情。

晋文公的两员大将，魏犨和颠颉知道这件事后，愤愤不平。他们认为自己立了大功，却没有得到应有的封赏。两人一边喝酒，一边数落晋文公和僖负羁，渐渐地喝醉了。

两人借着酒劲，偷偷地跳墙而入，想把僖负羁捉出来杀了。不料屋瓦一塌，人便翻下来，跟着一根大梁压住魏犨的胸膛。幸好颠颉及时赶到，才将他救了出去。

晋文公知道这件事后，认为两人不听他的号令，擅自行动，要杀魏犨和颠颉。

大臣赵衰和两人共事多年，感情很深，便苦苦哀求晋文公说："他们都立了功，杀了太可惜吧！"

晋文公不以为然，说："功是功，过是过，赏罚必须分明。何况魏犨看来是残废了，就杀了吧。"

赵衰说："让我去看看，如果没有残废，还是让他戴罪立功吧！"赵衰走后，晋文公便下令杀了颠颉。

魏犨听说赵衰来看他，便忍着痛楚，爬起来装着没什么事的样子迎接赵衰。赵衰问他觉得怎么样，魏犨一口咬定说没什么，说着还施展功夫，跳上屋去又跳下来。赵衰回去报告了晋文公，晋文公说："他没残废是好事，但他犯法却不能不办。"便下令革去他的军职，让他戴罪立功。

三军全知道了国君赏罚分明，谁也不敢擅自行动了。

在企业管理中，领导干部不怕能力不行，就怕说话不算数，轻诺则寡信，任何激励都不会有效果。西点军校有一条对领导力的要求：心里装着下属的利益，并且一定要让下属知道这一点。下属知道上级想着自己的利益，而且还知道一定会兑现，必然会有很强的执动力。所以说，领导力从"信"中来。

仁者爱人，同甘共苦

　　杜牧对"仁"的注解是："仁者，爱人悯物，知勤劳也。"爱人悯物，这四个字是关键，领导干部的权力可谓不小，有时候手中这支笔有财产万千，有是非曲直，有善恶忠奸。所以，领导干部要爱人悯物，要惜福，要敬畏，还要勤政勤劳，如果不能和大家同吃同住、同劳动同进退，也是不仁。

　　仁，就要爱兵如子。战国时，一次一个士兵长疮化脓非常严重，吴起就用嘴吸出脓水，然后又为他包扎，士兵深受感动，逢人便宣传。故事越传越远，传回士兵的家乡。士兵的妈妈听说这件事以后，就开始哭，越哭越厉害，最后变成号啕大哭，口中还念念有词。乡亲们就问她原因。士兵的妈妈说，我一开始是感动，哭着哭着，想起我死去的老头子，我这个儿子的亲爹，他当年也是跟着吴将军打仗，无巧不成书，老头子也是身上长疮，吴将军用嘴巴给他吸脓水。老头子被感动得再去打仗就跟不要命似的，最终真的丢掉了命。我刚才听说吴将军又给我儿子用嘴巴吸脓水，我怕我儿子又要小命难保啊！

勇者无敌，有勇有谋

管理者的勇，有三个层面。第一，要当机立断。第二，要说干就干。第三，要对结果负责。

《三国演义》第二十一回《曹操煮酒论英雄》中，刘备说："河北袁绍，四世三公，门多故吏；今虎踞冀州之地，部下能事者极多，可为英雄？"曹操笑着说："袁绍色厉胆薄，好谋无断；干大事而惜身，见小利而忘命，非英雄也。"曹操是注解《孙子兵法》的第一人，他说"吾观兵书战策多矣，孙武所著深矣。"曹操对《孙子兵法》中的将之五德理解得很透，对其中的"勇"字看得很重。"色厉胆薄，好谋无断"这八个字对袁绍点评得一针见血。

管理者做不到勇主要表现在以下三方面，第一是不勇于拍板，第二是不勇于执行，第三是不勇于担责。做领导干部搞管理，一定要担责，要敢作敢为，要有牺牲精神，向死而生。世上从来没有百分之百必胜的事情，没有勇，就做不成事。

200年正月，袁绍奉衣带诏讨伐曹操，先发布檄文，把曹操骂得狗血淋头。袁绍手下的谋士田丰一再规劝袁绍，天时地利人和都不占，打不赢，不要出战。袁绍非常生气，把田丰关进大牢，率领十万大军去攻打只有两万人马的

曹操。可是战端一开，袁绍又犯了"色厉胆薄，好谋无断"的老毛病，双方对峙一年多，袁绍还是不决断，把跟着他的十万大军熬得锐气尽失。结果被曹操抓住机会，火烧乌巢，歼灭七八万人，袁绍十万大军死的死逃的逃，最后袁绍只带着剩下的八百骑兵逃回河北。这就是著名的官渡之战。在快逃回大本营的时候，看押田丰的监狱长就给田丰报喜，说："恭喜你快要出狱啦，你劝主公不要动兵，结果他真的打了个败仗，主公一定会奖赏你。"田丰说："哎，以袁绍的作风，他如果打的是胜仗，一高兴也许不会和我计较，可是他如果打的是败仗，一定要降罪于我，我的死期到了。"果然，袁绍在逃回的路上就传话在监狱里直接处死田丰。

严于律己，执法如山

严，是将之五德的第五个关键词。一是指带兵要严格；二是指要严于律己，在实战中主要指的还是带兵要严。有句老话叫"慈不带兵"。将帅不管是对待敌人还是对待自己都要非常铁血，如果将帅对于部下过于心慈手软，必然不能立威，也难以服众，纪律不严明，时间一长，肯定会出乱子。

古代名将出兵前，总要祭旗立威，最好是杀那些自以为"有靠山"的人。当年，吴王阖闾初遇孙武，觉得眼前这个年轻人文章写得不错，担心他只是个纸上谈兵的白面书生，于是决定试一下。吴王把自己后宫的嫔妃选出来100多名交给孙武去操练。一开始，不管孙武如何讲，嫔妃始终嘻嘻哈哈，不听指挥。大家都在看孙武的笑话。孙武大怒，手起刀落，砍下吴王最喜欢的两个嫔妃的脑袋，剩下的嫔妃立刻变得听话，连其他人也对孙武刮目相看。吴王更是直接拜孙武为大将军。

这种故事在春秋战国时期很多。有代表性的还有一个：齐景公派田穰苴带兵出征，又安排自己的亲信庄贾去督战。庄贾在出征前迟到很长时间，田穰苴不由分说，直接杀之祭旗。等到大军凯旋，班师回朝，齐景公亲自出城远迎，并且封田穰苴为大司马，从此田穰苴改名叫司马穰苴。

　　此外，我们讲将之五德，一定要提曾国藩。曾国藩本一介书生投笔从戎，振臂一呼，居然拥者数万。可是他没有带兵遣将的经验，而且只会坐轿，不会骑马，那怎么办呢？只能一边打仗一边学，在指挥战斗尤其是带兵遣将、选拔人才方面，他就按照《孙子兵法》的要求去做。不仅如此，曾国藩还继承发挥，他在"智、信、仁、勇、严"后面又加了两个字，就是"廉"和"明"。

廉洁自律，洁身自好

廉，首先人品、官品都要清廉，不贪不腐不占；其次手脚要干净，公私分明，不揩公家的油；最后就是账目要公开透明，不为一己私欲贪财，这样的人才能得到下属的认可和追随。在企业中，对股东和下属财务透明也能很好地聚拢人心。在廉字上，曾国藩做得尤其好。晚清时代，"三年清知府，十万雪花银"，曾国藩独善其身，他对别人特别大方，对自己却特别小气。他虽然位极人臣，依然保持着一顿饭只吃一个荤菜、一个素菜，被称为一品宰相，自己只有一件好衣服，只有在正式场合才舍得穿，平时穿的都是家中女眷给做的粗布衣服。曾国藩死后，留给儿女的钱并不多，竟然还留有外债。但曾国藩对待兵将和幕僚尤其大方。他常说"集众人之私，成一人之公"，意思是满足下属的私心私欲，来成就自己的公心。这就是曾国藩清廉和开明的地方。

心明眼亮，识人用人

明作为管理者的事业修为和职业美德，指的是心明眼亮，就是心里不糊涂，眼睛也好使。管理者有时候要装糊涂，可是在大是大非面前坚决不能糊涂。知人者智，自知者明。眼睛好使，就是明辨是非，见微知著，能识人用人，这些方面曾国藩都特别看重。

一个人能否建功立业，曾国藩认为这要看人的胸怀气魄。1854 年，时任黎平知府的胡林翼率六百精兵援助湖广总督吴文镕，谁知援兵未到，吴文镕就已经战死。胡林翼改投曾国藩门下，曾国藩见胡林翼气度不凡，称赞胡林翼："你的才华胜过我十倍，定有大用。"果不其然，后来，胡林翼成为另一支湘军的统帅，和曾国藩平起平坐，被人合称"曾胡"。李鸿章曾师从曾国藩，曾国藩见他大心细、劲气内敛，认为他必成大器。果然不假，1862 年，李鸿章被授予江苏巡抚，之后更是成为淮军的创始人和统帅、洋务运动的倡导者，官至直隶总督兼北洋通商大臣。在清朝末年，李鸿章可说是一个非常重要的人物。

曾国藩去世后，左宗棠给曾国藩上的挽联是这样写的："谋国之忠，知人之明，自愧不如元辅；同心若金，攻错若石，相欺无负平生。"真实的历史的确是这样的。曾国藩在知人识人上确有过人之处。曾国藩说，管人首在用人，用人首在识人。《清史稿》当中明确记载，曾国藩每次面试人，先不说话，一双三角眼直勾勾地盯着人看，把对方看得毛骨悚然，他才开口问话，等对方回答完，他便拿起笔，把对方能干什么、不能干什么、有什么缺点、有什么优点都写下来，多少年之后再看，就跟曾国藩的评价没有太大出入。

《孙子兵法》有云："将有五危：必死，可杀也；必生，可虏也；忿速，可侮也；廉洁，可辱也；爱民，可烦也。凡此五者，将之过也，用兵之灾也。覆军杀将必以五危，不可不察也。"

这句话的意思是说，将相之才性格上如果有这五种硬伤，往往都是致命：第一，不善于保护自己，一味硬闯硬拼，往往战死得比较早；第二，太过于贪生怕死，往往会被敌人俘虏；第三，愤怒急躁，经不住刺激，很容易就会中敌人的激将法；第四，自命清高，太爱惜自己的名声，往往会不堪其辱；第五，儿女情长过于仁慈，往往会被敌人骚扰而不胜其烦。以上五点是将相的致命缺点，也是用兵的灾难。全军覆没、将帅被擒杀，往往是由上面五种性格缺陷导致的，不能不予以充分的重视。

必死可杀，匹夫之勇

必死可杀，意思是带着必死的决心冲锋陷阵，往往会被敌人轻易地杀死，因为刀枪无眼，太不善于保护自己，会有很多无谓的牺牲。

一般谈论一位将领，会把"勇、不怕死"放在第一位，其实早在 2000 多年前，我国著名的军事家孙武就说过，勇在将领的所有品性中只占几分之一。孙子认为的将相五德，智信仁勇严，勇也仅仅排在第四位。身为一个领导者，勇而无谋，是要吃大亏的。

孔子的大弟子子路为人豪爽、疾恶如仇，孔子很喜欢他。子路比孔子小九岁，是跟随孔子时间最长的一个弟子，有很多优点，但是有一个硬伤，就是争勇好斗不怕死。子路生前，孔子就曾对他说："暴虎冯河，死而不悔者，吾不与也。必也临事而惧，好谋而成者也"。意思是说那种空手打老虎、徒步过大河的人，孔子很不欣赏，孔子喜欢那种面对危险时谨慎小心，谋划好再去行动的人。"临事而惧，好谋而成"这八个字应该作为每一位企业管理者的座右铭，没事不惹事，有事不怕事，解决问题要靠脑子，而不是靠意气用事。

公元前 480 年，卫国爆发内乱，孔子听说后悲伤地说："可惜啊，子路必定死于这次灾难。"事情果真如孔子预言的一样，子路听说都城发生内乱，火速赶回城里去平定内乱。但是最终寡不敌众，子路被敌人的武士击倒，帽子上的缨带也被割断。子路知道自己难逃一死，于是停止反抗，说："君子虽死，但不能让帽子脱落失礼。"子路系好缨，被拥上来的武士乱刀砍死，惨不忍睹。

虽然早有不祥的预感，但是孔子听到这个消息仍痛哭不止，孔子甚至让人把屋里的酱都丢掉，免得自己看见难受。由于悲伤过度，孔子一病不起，半年后，一代圣贤孔子去世，不禁让人扼腕叹息。

必生可虏，难成大事

必生可虏，意思是贪生怕死的人上战场，往往容易被敌人抓作俘虏，因为他太过惜命、太怕死，往往会主动缴械投降。

打仗就意味着有牺牲，一定要活着，只能逃跑或投降。我们看那些战争类影视剧，战斗打响后，正面的将帅喊"同志们，跟我冲！"反面的将帅喊"兄弟们，给我冲！"一个是自己跑在前面，让人跟着自己往前冲；一个是自己躲在后面，让人往前冲，两种领导力高下立现，导致的两种执行力也就可想而知。

在电视剧《亮剑》中，李云龙有段话，堪称经典："古代剑客们，与对手狭路相逢时，无论对手有多么强大，就算对方是天下第一剑客，明知不敌，也要毅然亮出自己的宝剑，即使倒在对手的剑下，也虽败犹荣。这就是亮剑精神。"这部电视剧在全国的重播率很高，很多桥段都被当作企业团建的经典案例，尤其是这一段，每次看到，都能让人振聋发聩，提升士气！的确，管理者要有亮剑精神，不能怕死，不能熊，不能拈轻怕重。只要思想不滑坡，办法总比困难多。

作为将军或者管理者应该谨慎小心，以队伍、企业的生存为目的，但不能作为唯一目的。凡事如果以"生"为目标，而且有"必生"的考虑，那么这个团队，往往缺乏进取的勇气。主帅贪生怕死，下属必然畏首畏尾，这样的团队必定没有战斗力，最终走向失败也是可以预见的。

199 年，吕布被曹操擒获，最终身首异处。从吕布被擒到最终被杀，可以说是必生可虏的典型。

吕布堪称三国第一骁将，胯下赤兔马，手中方天画戟，论单打独斗可以说是打败天下无敌手。作为技术骨干，就个人业务能力来看，吕布肯定是顶级的。但是作为管理者吕布是不合格的。

从 193 年开始，曹操南征北战，不断扩充自己的势力，打袁术、征陶谦、攻张绣，忙得是不亦乐乎，而吕布一直待在徐州，像是厌倦了打打杀杀的生活，根本没有动过袭击曹操根据地许昌的打算。

个性彪悍、能力出众的吕布，却表现得毫无进取之心，只想守住自己的一亩三分地，老婆孩子热炕头。正所谓人无远虑，必有近忧，大难也就临头了。

198 年，曹操终于将矛头指向了吕布。吕布赶紧和曹操的死对头袁术结盟。曹操为了破坏吕袁同盟，先给吕布写了一封信，分析利害，劝他投降。吕布看了这封信，很受触动，竟然决定投降曹操。

这时，吕布的谋士陈宫站出来，力劝吕布。他对吕布说："曹操这个人，根本不讲信用，别看他现在许诺这么多，将来一条也不兑现，你能怎么办？况且局势也没有坏到要投降的地步。曹操远道而来，兵多粮少，肯定不能持久。"

吕布也明白这个道理，可是又想曹操坚持不了多久，我吕布恐怕等不到曹操撤退，就先败了。

陈宫说："要不咱们兵分两路，我带一路守城，将军带一路杀出城外。将军与我内外呼应，如果曹操带兵攻你，我在背后打他。如果曹操来攻城，将军在后面接应我。"

吕布本来以为这是个好计策，可是睡了一晚后就反悔了，对陈宫说："我能突破曹操的重重围困吗？你为什么不冲杀出去呢？"

做领导做到吕布这样，让部将拼死冲杀，自己在城里躲清闲，也是够了。

陈宫自然冲不破曹操的围困，这事就此作罢。

曹操的大军越聚越多，吕布困守孤城，每天只知道唉声叹气，借酒浇愁。陈宫很是忧虑，绞尽脑汁，又想出一个办法。他悄悄派了细作，前往袁术处求援。袁术倒也爽快，同意出兵救援，可是有个条件，就是让吕布把女儿送来作为人质。

吕布答应照办，可是经不住妻子苦苦哀求，又觉得自己单枪匹马送女儿出城，实在是太过冒险，因此他又反悔了。就这样吕布丧失了最后逆袭的机会。

曹操命人决堤淹城，吕布一筹莫展，不是借酒浇愁，就是打骂下属泄愤。几个中下级军官一合计，干脆打开城门，放曹军进城，活捉了吕布。

吕布最终成为曹操的阶下囚。到了此时，他还想着活命，舰着脸要投降曹操。无奈曹操早就看透了吕布，而且还有刘备的提醒，曹操终于动了杀心。就这样，一代枭雄吕布终因贪生怕死落得身首异处的下场。

忿速可侮，中激将法

忿速可侮，指的是点火就着的人，容易中别人的激将法，往往自取其辱。为将者，性格一定要持重、厚重、稳重，如果刚急易怒、心胸狭窄，对方就会利用你的性格弱点，激怒你、侮辱你，引你上钩。这个时候，考验管理者的是经验，也是阅历，是情商，更是修养。

古往今来，因为盛怒做出不理智、不明智的行为，导致严重后果的案例数不胜数。曾经的三株口服液、霸王洗发水都是打赢官司、输掉市场的典型例子。还有无数企业家在盛怒之下投入商战，很多经理人感情用事愤然辞职，最终往往一蹶不振，因为人在忿速下很难做出正确判断，所以说"冲动是魔鬼"。

《孙子兵法》中有："主不可怒而兴师，将不可愠而致战。合于利而动，不合于利而止。怒可以复喜，愠可以复悦；亡国不可以复存，死者不可以复生。"翻译成白话是：主帅不能在盛怒下兴师出兵，主将不能带着情绪参加战斗。符合我方利益才行动，不符合必须马上停止。因为发怒和生气以后，情绪可以复原，可是国家灭亡以后却不能够复兴，人死去以后也不能够复活。这段话是大实话，可是人在气头上却往往容易犯糊涂。

很多时候，当一个人、一件事伤害到你时，你会瞬间爆发出坏情绪。庄

子说："不遣是非，以与世俗处。"意思是，不拘泥于是非，在红尘中要学会与那些俗人和俗事融洽相处。人活一世，总会有些看不惯的人和事，一定要放宽心。有句俗话，看不惯别人，是因为自己修养不够。心宽事小，只有多开阔自己的心胸，提升自己的修为，才能不中对方的激将法，不至于忿速可侮。

战争也好，企业管理也罢，都是有目的的，应围绕是否对己方有利而实施相应的举措。没有利益就不要动武，没有获得就不要采取行动，这是一个管理者应该具备的素质。那些脾气急躁、动辄发怒的人因为一己的喜好做出一个举动，难免会陷入被动难堪的境地，最终的结局就是于事不利、对己有辱。

公元前204年，是楚汉相争的关键一年。楚霸王项羽在战场上所向披靡，将刘邦率领的汉军压制在成皋一带，也就是今天的河南省荥阳市汜水镇附近。楚霸王果然有万夫不当之勇，他一挥手，手下的虎狼之师立刻将刘邦在成皋的防线撕得支离破碎。楚霸王夺取了成皋。

夺下一座城虽然对于项羽来说不是什么难事，但是要守住这座城，可就不那么容易了。项羽看着手下这些将领个个能征善战，派谁来守城呢？他拿不定主意。项羽在军帐内走来走去，左看右看，手下这些将领实在没有一个让他放心的。

他的目光最终定格在了曹咎身上。曹咎算是老资格的将军了，项羽起兵时就跟随他左右，多年来一直忠心耿耿，而且办事稳重。因此项羽最终决定让曹咎来守城。

成皋这个地方太重要了，不仅是粮仓，供应项羽的数十万大军，而且战略位置非常重要，一定程度上说稳住了成皋，项羽就可以放心大胆地去东征西讨夺取天下了。

多年的征战，让项羽非常了解老对手刘邦，这人做事不讲章法，他心中隐隐有些担心。

临行之时，他一再叮嘱曹咎："我出去的这段时间，你要坚守成皋，不管发生什么事都不要出战，等我回来，再做打算。"

曹咎点头答应。

项羽大军走后不久，刘邦果然率大军来犯。曹咎按照项羽的指示，高挂免战牌，拒不出战。刘邦一连几天都吃了闭门羹，急得坐立不安，不知道如何是好。

刘邦为什么着急呢？因为这是个计中计。刘邦让刘贾、彭越骚扰楚军后方，目的就是调虎离山，将项羽引开，自己好夺取成皋。他明白项羽的实力，刘贾、彭越根本拖不了多久，待项羽回师成皋，自己就一点机会也没有了。

刘邦请两大谋士张良和陈平来商量对策。刘邦说："成皋城坚如磐石，曹咎这小子又不出城，这可怎么办呢？"

张良和陈平不约而同给刘邦献了一个"骂策"。刘邦每天挑选一些大嗓门的士兵，在城外骂阵，说曹咎是个胆小如鼠的将军等，总之什么难听骂什么。

曹咎虽然心中恼火，但是项羽有命，让他不要出战，因此只能忍着。

刘邦一看几天过去了，曹咎还是没出来，又找张良、陈平商议。这次他们不派人骂了，而是打上白布幡，上面写着曹咎的名字，下面画着猪、狗等畜生。大风一吹，这些白布幡迎风招展。成皋城上的士兵们，个个看得清清楚楚。

曹咎怒火中烧，早将项羽不准出战的命令抛到九霄云外，一声令下，成皋的楚军整队出城迎战。结果没多久就中了汉军的埋伏。曹咎拼死冲出重围，但是看看身边仅剩几名随从，再看看成皋城头的汉军大旗，羞愤难当，拔剑自尽了。

廉洁可辱，和光同尘

廉洁可辱，翻译成白话是：自命清高者往往自取其辱。这里的廉洁，不是不贪污，指的是太洁身自好，极端爱惜自己的羽毛。

别人坏他的名声，他会觉得就算跳进黄河也洗不清，要么找人拼命，要么自证清白，乖乖地中计受辱。

受不得污名，是一个很严重的性格弱点。中国古代的江湖高手有"君子自污"之说，自己给自己泼点污水，主动做到"和光同尘"，这招真的是很高明。此外，当别人侮辱你时，不妨告诉自己"此时正是修行时"，自降身价，能忍则安，避免"太高人欲妒，过洁世同嫌"的遭遇。

生活有洁癖还好，性格有洁癖是很危险的事，总觉得自己是高人雅士，随便可以看穿、看透别人，而且还要说穿说透，《弟子规》里面说"疾之甚，祸且作"，你容不下人，太刻薄，是给自己埋下祸根的开端。

曾国藩的幕府是中国近代最成功的幕府，幕府人数最多的时候，有五六百人，这些人中，要说最优秀的有十个人，被称为三圣七贤。十个人中有一个叫李鸿裔，头脑、形象、口才、文笔样样出色，曾国藩非常欣赏他。李鸿裔优点突出，缺点也很突出。李鸿裔太过聪明，轻易就能看穿别人，还喜欢说

穿，总是嘲笑别人。

有一次，曾国藩邀请李鸿裔在书房下棋，两人下得正酣，有人敲门并汇报："曾大人，有贵客登门，需要您亲自去接见。"曾国藩放下举起的棋子，无奈地说："鸿裔，你看，我们这盘棋杀得正带劲呢，有人打扰，真没有办法，这样吧，你不要走，就在书房等我，我速去速回。"

说完，曾国藩走出书房。李鸿裔平时随意惯了，曾国藩刚走，就东看西看，一下看到书桌上有一封信，他拿起信打开一看，是一封求职信，正是幕府中和李鸿裔齐名的一个人写给曾国藩的，大致意思是这么说的：曾大人，我这个人的修炼是非常厉害的，我已经达到王阳明心学中那种"不动心"的境界了，你把绝色美女放到我身边，我不动心；你把金银财宝放到我身边，我不动心；你把八抬大轿放到我身边，我也不动心……我现在一心就想跟着曾大人干，请你给我一个机会吧。

李鸿裔看完这封信，心说，你看看，写这封信的人真是个伪君子，他哪是什么不动心，巧舌如簧，还不是想要讨份差事做嘛，还不是为前程动心。越想越有意思，李鸿裔不由得拿起笔，在信的后面，写下一首诗，写完诗左看右看真解气、真痛快。

这时，曾国藩见完客人，回到书房，李鸿裔当没事发生一样，继续陪着曾国藩下棋。最终决出胜负，二人都很高兴，李鸿裔站起身告辞，书房仅剩下曾国藩一个人。

曾国藩心细如发、目光如电，一眼扫过去，发现书桌上的信件被人动过。他走上前去，拿起信件，打开一看，信后写着一首诗，墨迹未干，是李鸿裔的笔体。曾国藩读完这首诗，命人去把李鸿裔重新叫到书房。

李鸿裔回到书房。曾国藩说："鸿裔，这首诗是你写的吗？"李鸿裔笑着说："大人，是我写的，好汉做事好汉当！"曾国藩说："鸿裔，你还好汉做事好汉当，你哪是什么好汉。这首诗能带给你杀身之祸，你知道吗？"李鸿裔吓出一身汗，"大人，至于吗？一首诗，开个玩笑而已。"曾国藩说："鸿裔，你什么都好，就是太自命清高，装不下人，要知道'聪明而深察者，其所以遇难而几至于死，在于好讥人之非也；善辩而通达者，其所以招祸而屡至于身，在于好扬人之恶也'。老夫当官这么多年，我知道我幕府中什么人都有，但是我什么人都能容下。因为我知道人生在世，难免要靠些虚名。我们要学会成全别人，才能成全自己。这方面正是你的硬伤。打个比方，如果明天有个差事，这个差事不适合你这种直来直去的所谓正人君子去做，却适合能言善辩之人去做，我一定要安排写这封信的人去做，如果到时候他居于你之上，又知道某年某月某日，你无端这样侮辱他，他对你的仇恨比杀父之仇、比夺妻之恨还要深啊，他或许要让你死无葬身之地，你知道吗？"李鸿裔听后真的吓出一身汗，频频点头称是，一再赔笑说："大人，我改，我改，一定改掉这个毛病。"

之后，李鸿裔被派去做江苏按察使。论才干，李鸿裔绰绰有余，可是干不到一年，就被人弹劾，虽然最后被证明是诬告，但是当时没人替他开脱，李鸿裔被贬。

洁身自好是一种好的个人修养，但是作为管理者、作为统帅，不能过于洁身自好。一个人过分爱惜自己的羽毛，脸皮太薄，甚至为了自己的名声不顾大局，不惜牺牲团队的利益，这种人做统帅、做管理可能会落入对手侮辱的

圈套。

234 年，诸葛亮第六次兵出祁山，开启了人生最后一次北伐。为了做到万无一失，出兵前，诸葛亮刻意派使者前往东吴，说服孙权出兵。这样蜀国和吴国形成南北夹击之势，魏国就岌岌可危了。

当时魏国在位的魏明帝曹叡也是个能干的君主，他亲自率领一支军队抵抗吴军，而另一边则派了太尉司马懿负责抵抗。

诸葛亮用兵如神，司马懿连吃败仗，上方谷一战司马父子差点惨死。侥幸逃脱后，他吸取教训，率领魏军撤回渭水北面，深沟高垒，拒不出战。

诸葛亮劳师远征，粮草军械等后勤保障困难，因此最好的办法就是赶快找魏军决战。

司马懿正是看中了诸葛亮这点，下令三军，再敢言出战者，就杀无赦，斩立决。

诸葛亮是玩心理战的高手，可是司马懿不出战也没办法，无奈之下，他亲自给司马懿写了一封信，信中说："司马懿啊，你既然是大将，又统领中原数十万大军，不想着怎么和我在战场上一决高下，却甘愿躲在城墙背后，畏畏缩缩，胆小得像个女人一样。既然是这样，你就把我送你的这套女人的服饰穿上吧。你但凡是个男人，还有点英雄气概，咱们就约好日期，战场上见分晓。"

司马懿看送信的人，果然带个包袱，里面是女人的裙袄。司马懿却不慌不忙，让人为他更衣，穿上了诸葛亮为他准备的女装，照了照镜子说："还挺合身啊！"

司马懿不但没有为难送信的使者，还和他闲聊，问起诸葛亮的饮食起居。

一听使者说"丞相近来起得早睡得晚，吃得也不多"时，心中更有底了。

他手下一干将领，个个骁勇善战，眼看主将受到这样的侮辱，气得纷纷要求出战。

司马懿见众怒难平，就对众人说："既然大家不听我的号令要求出战，那么我们就请示陛下吧，他要同意，我们就出战。"

魏明帝也是个聪明人，看到司马懿的求战信，心想："我明明把统御三军的大权交给了你，就是一切行动听你的指挥，现在又来请示，这是拿我做挡箭牌啊。也罢，我就成全你。"他又一次重申军令："敢有言战者，杀无赦。"为了把戏演足，还专门派了一名钦差大臣，拿着皇帝的节杖，立到营门前。

这下那些愤怒的将军们再也不敢说出兵的事情了。

诸葛亮食少事烦，终于积劳成疾，一病不起，又眼见得司马懿任凭如何侮辱都不出战，无奈只好下令撤军。

从这件事可以看出，司马懿是真将才，很懂得廉洁可辱的道理。要知道在当时的社会背景下，司马懿是士族出身，很重视自己的名节声望，何况他又是三军统帅，被人骂作女子，还送女人的衣服，他都能不急不躁，宁愿自己名声受损也不做损害国家利益的事，这样的人才是一名合格的管理者。

爱民可烦，英雄气短

爱民可烦，意思是儿女情长过于仁慈，往往会被牵制住，不胜其烦。比如在工作中太过恋家，故土难离，乡愁太重，势必会分心，影响工作。

《三国演义》第四十一回刘皇叔携民渡江就是爱民可烦的典型的例子。赤壁之战前，曹操大军压境，刘备带着老百姓迁徙，行军很慢，差一点被曹操歼灭。这件事的正面意义让刘备的仁义美名传天下。日后，诸葛亮未出茅庐先定三分天下，就是看中刘备那份仅存的人和。

历史上有很多狠角色，不要说置百姓于不顾，就是自己的亲爹亲娘妻儿老小也能豁得出去，刘邦就是这样的人。当年，项羽捉住刘邦的父亲和妻子吕雉，项羽把刘邦父亲五花大绑，然后架起大锅，喊话刘邦投降，不然就煮了刘父。刘邦站在城墙上大声回应："我和你以前是兄弟，现在也是兄弟，我爹就是你爹，你要煮咱爹，那可要记得分我一碗肉汤喝哦。"项羽被气得无计可施，最后居然把人给好好地送回去了。

还有一次，刘邦被项羽打得大败，落荒而逃。夏侯婴驾车，刘邦和一双儿女在车上，就是以后的汉惠帝和鲁元公主。有追兵迫近，情况万分危急，刘邦嫌车上人多，车跑得慢，干脆把两个孩子直接给踹下车，夏侯婴吓得跳下车把两个孩子抱上车，幸亏夏侯婴誓死保护，两个孩子才捡回一条命。

像刘邦这样"不必死，不必生，不忿速，不廉洁，不爱民"的例子是很极端的。一个理性而正常的管理者，应该有的修为和表现是遇到事情不走极端。

为将者过分关爱士兵下属，难免陷入不理智，这样的将领往往被各种情绪和一些小的枝梢末节所牵绊，从而没有大局观，不懂得取舍，这样结局往往就会失败。管理也是如此，心慈手软，不能执行制度规定，结局就是无规矩不成方圆，团队一盘散沙，没有凝聚力。

1654 年，南明大将李定国派兵攻打清军守卫的新会城。当时，李定国实力强大，拥有精锐部队 3 万人，依附他的当地南明军有 4 万人，此外还有其他兵力 10 多万人，总共加起来有 20 万人。其中，还有为数不少的炮兵部队，可供攻城使用。

新会是广州的门户，李定国亲自坐镇指挥。他一声令下，几百门火炮齐发，炮弹雨点般砸向新会城墙。稍后步兵也抬着云梯，冲向了新会城。当时新会城内的守军只有几千人，根本无还击之力。眼看新会城就要被攻破了，这时清军在城头上推下几百块巨石。正在登城的明军士兵非死即伤，惨叫连连。南明军攻城的气势一下子减弱了。

站在高处的李定国看到这一幕，急忙下令退兵。当时有将领提议，死伤在所难免，不如一鼓作气攻下新会城，可是被李定国拒绝了。

几天后，李定国重振军马，来到新会城外。这次他改变了策略，先让工兵营在城下挖了几个地道，里面塞满炸药，随着"轰隆隆"几声巨响，新会城

被炸开几个缺口。就在李定国准备下令冲锋时，城墙的缺口处突然间涌现出几千破衣烂衫的老百姓，搬运散落的石块、砖头，挑着灰浆，有气无力地补修城墙。显然这些百姓，是被清军威逼的。

"将军赶紧下令吧，管不了那么多了，这次机会要是错过就没有了。"李定国周围的将领纷纷劝说。

"不行！"李定国表情严肃，那种不可侵犯的威严，让其他将领不敢再说。李定国坚定地说："我们是大明的军队，怎么能伤害大明的百姓呢？"

李定国眼看着城里的老百姓将刚炸开的缺口修补完整，没有采取任何攻击举动。无奈之下，他只能将新会城团团围住，等待城内的守军投降。

李定国虽然不想伤害城内的百姓，可是围城时间长了，城内百姓没有粮食，饿死了许多人。最终爆发了瘟疫，李定国夺取新会城的希望最终破灭。

李定国这一战犯了兵家大忌，清军正是利用他"爱民可烦"的致命弱点，将老百姓推到前面做挡箭牌。李定国自己一再犹豫，最终错失良机。

商场如战场，管理者既要爱护自己的名声，也不能太过在意，既要爱护自己的下属，也不能有妇人之仁。做管理，就要把握好这个度，克服自己的弱点。

总而言之，矫枉不能过正，凡事都是物极必反。管理者还是要学会居中守正，守正出奇，不走极端。

第五章　　上善若水

居善地，需放低姿态

老子说，上善之人，就像水一样。水滋养万物，不与万物相争，而且处在众人都厌恶的地方，因此最接近于"道"。水的第一个美德就是"居善地"。

所谓"居善地"，居是停留的意思，善指善于选择。这里的地不是泛指地方，而是指低下之处。《礼记》里说："地者，下之极也。"最下的地方就是地。因此将地解释为"低地"，当然这也符合水往低处流的特性。

以老子为首的道家强调无为，不与人争。甘愿处于下地，这是无为的体现。但如此无为如何成为上善之人呢？

其实，这句话是说给领导者听的，上善之人，甘处下地，这在下地之人看来，尤为值得钦佩和尊敬，因此才会服从他，甘愿听他指挥。

如今江浙一带属于吴文化的领地，吴文化的鼻祖就是吴太伯。吴太伯的广受后世追捧，就体现了一种居善地的智慧。

周部落的先祖周太王有三个儿子，大儿子吴太伯，二儿子仲雍，三儿子季历。按照当时的传统，周太王老了之后就会把王位传给大儿子吴太伯继承。可是周太王偏偏喜欢最小的儿子季历，更重要的是，他认为季历的儿子姬昌（周文王）有盛德，将来一定能带领周部落走向兴旺。

正因为如此，周太王在继承人的问题上迟迟悬而不决。这种情况在后来的王朝中多有出现，而且大多伴随着血雨腥风的争斗。比如春秋时期，晋文公重耳的父亲将王位传小儿子，结果王室大乱；再比如著名的宣武门之变。

但这种情况却没有出现在当时的周王室，因为吴太伯是上善之人，他善居下地。吴太伯知道父亲的心思后，没有等人劝说，自己就主动迁到了荆蛮之地，也就是今天的江浙一带。那时的江浙一带还是蛮荒之地，当地土著断发文身。吴太伯作为周王室的太子，也像当地人一样断发文身，表示自己已经是普通平民，再也不回去继承王位了。

吴太伯的这种举动感动了许多人。当时周王室的一些百姓扶老携幼，跟着吴太伯来到了江浙一带，也和吴太伯一样融入当地的百姓之中，将当时比较发达的黄河流域的文明带到了江浙一带。周武王灭商建了西周，大肆分封，有感于吴太伯的功绩，就把吴地赐给了吴太伯的后人。正因为如此，江浙一带成为吴文化的发源地。

吴太伯作为周王室的太子，其作为让周朝百姓，甚至是江浙百姓都十分感动和钦佩，他们愿意听从吴太伯的领导，这样吴太伯就成了一个出色领导者。由此可见，"居善地"是一种高明的智慧。

作为企业的领导者，如何做到"居善地"呢？那就是要和员工同甘共苦，许多知名的企业家创业之初都是这样做的。比如京东的刘强东亲自蹬三轮车送快递。还有一位企业家对"居善地"有着非常深刻的理解，他就是刘永刚。

在玻璃制造行业，南有曹德旺，北有刘永刚。刘永刚的永刚玻璃集团在

玻璃制造技术上独树一帜，在全国乃至全球的汽车玻璃市场上与曹德旺的福耀玻璃形成竞争之势。

刘永刚是军人出身。创业之初，条件非常艰苦，他和两名员工同吃同睡，一起干活。产品来不及送走，他就骑着电动车给客户送。正是靠着这种"甘居下地"的精神，刘永刚创立的永刚玻璃集团所生产的玻璃在业界斩获了无数个"第一"，在竞争激烈的玻璃制造领域占有一席之地。

在刘永刚看来，只有和员工共生发展，才能让员工时刻与企业心灵相通、命运相连，才能让员工用主人翁的心态和信念来面对每一项工作，做好每一件事情，这样的企业才有竞争力。

那些高高在上的领导者，不愿居善地，往往就会脱离群众。这样的领导者是没有领导力的，当然也不是一个成功的领导者。

心善渊，要胸怀天下

"渊"是水深又可以包容蓄水的地方，"心善渊"的意思是说心要像深渊的水一样，既有深邃的思想，又有容纳百川的襟怀。

众所周知，修道的人要保持内心中空，可以容纳一切，这是一种接近"道"的状态，也是老子所推崇的状态。试想一个人要是有深邃的思想，还能包容甚至接纳别人的观点、意见，是不是更有资格成为领导者呢？而那些刚愎自用、容不得反对意见的人往往败得很惨。

春秋时期，晋国和楚国都是当时的大国，两国为争夺霸权，展开了针锋相对的斗争。楚国在楚成王的领导下，实力大增，吞并了周围陈、蔡、曹、卫等一众小国，而且兵锋直指晋国的盟国宋国。宋国国君急忙向晋国求救。当时的晋国国君重耳是个乱世英豪，多年流亡的经验让他格外谨慎，而且楚国国君楚成王对他有恩，因此不愿意和楚国交恶。

晋国大夫先轸力劝晋文公救助宋国，一则报当年宋襄公赠送名马之恩，二则可以通过这一战立威，从而为成就霸业打下基础。晋文公最终听从了先轸的建议，出兵救宋。

晋文公很有谋略，不直接出兵，而是先伐楚国的盟国曹国和卫国，让楚

兵回师救援。另外，他让宋国派人向秦国和齐国求救，恳请这两个大国出面调停。楚国眼看宋国的领土就要到手自然不会同意，这就得罪了秦国和齐国，使自己陷入孤立境地。

齐、晋、秦都是当时的大国，楚国同时得罪了这几个国家，情势非常危急。楚成王也是个很有见识的国君，因此力劝楚国的令尹也就是宰相成得臣避免和晋国作战。

成得臣作为掌握楚国军政大权的领导，与晋文公"心善渊"的作风完全相反，他为人刚愎自用，即便对楚成王也是采取将在外君命有所不受的态度。就在楚军围困宋国，久攻不下之时，成得臣帐下谋士就劝成得臣撤军，可是成得臣未予采纳。

待楚军陷入孤立，成得臣又一意孤行，决心和晋文公一决雌雄。

当年晋文公流亡到楚国，楚成王款待了他。晋文公当时说，楚国地大物博，他对这段恩情以为报，只有在楚国和晋国交战的时候，主动后撤九十里作为回报。

如今晋楚两军交战，晋文公果然依诺后撤九十里。当时晋国许多士兵不理解，他们认为成得臣是臣，晋文公是君，哪有君避臣的道理。因此晋文公下令撤军的时候，晋军上下气不打一处来，士气非常高。

成得臣不领晋文公的情，以为是自己兵威所至，迫使晋文公撤军，因此一路狂追。楚军上下没想到战事进展如此顺利，心中没底，纷纷劝成得臣停止进兵。无奈成得臣立功心切，不顾将士们的反对，加速追击晋军。

就这样，成得臣陷入了晋文公设下的包围圈，双方在城濮展开激战。楚军虽然人多，但是许多都是附庸国的军队，战斗力并不强。加之成得臣不听将士们的建议，将士们早就不满，因此士气低落。就这样，晋国打败了强大的楚国，取得了城濮之战的胜利。

成得臣逃脱，派儿子回国求援。没想到楚成王说："我当时劝他不要和晋国交战，他不但不听，反而立下军令状，如今战败有何颜面见家乡父老？"成得臣听了这句话，羞愧难当，自尽身亡。

晋文公心胸宽广，能包容臣下的意见。这就是老子说的"心善渊"。而成得臣则完全相反，不仅见识浅薄，而且刚愎自用，听不进任何不同意见，最终招致了惨痛的失败。

同样的道理，管理者也应该做到"心善渊"。

任正非眼光独到，早在研究 5G 技术的时候就做了各种预案，甚至做了最坏的打算。他的目的只有一个，就是要突破美国的限制，让华为、让中国拥有主动权。

多年来，任正非领导的华为投入了大量的研发经费，经过全体华为人的不懈努力，终于在 5G 技术领域领先全球，取得了全球通信领域的话语权。

华为之所以成功，在于有任正非这样心怀天下、眼光深邃的企业家，他的高瞻远瞩让华为领先全球。

与善仁，仁者自无敌

仁就是爱，管理是以爱为入口的。

一位卓越的领导者应该有与人为善的仁心、仁性。仁爱是一种力量，如水一般，潜移默化，感化朋友、下属，甚至是对手。如果他所制定的措施、下达的命令，能够合乎道，得民心，那么他就一定是一位有亲和力的领导。

战国时期著名的军事家吴起统御军队就能够做到"与善仁"，因此士兵甘愿为他效命。

吴起做了将军以后，坚持恩威并举。他与士卒同甘共苦，与下等士兵穿同样的衣服，吃一样的饭菜。吴起在军中睡觉不铺席，行军不骑马，亲自扛兵器背干粮。凡是要求士卒做的，他自己都能先做到。

人非草木，孰能无情，有了这样"爱兵如子"的统帅，部下能不尽心竭力，效命沙场吗？

商场如战场，如果一个企业的领导者也如吴起一样，爱自己的部属如爱自己的子女一般，那么何愁部属没有执行力和忠诚度呢？

2011 年，日本福岛核电站发生爆炸。向来以工匠精神和职业操守自诩的日本人，纷纷离开了工作岗位，几乎全部都跑了。这时有个在日本的华为员工做了最勇敢的逆行者，他心中只有一个信念，就是去抢修华为在当地的一个手机基站。

突然间，"轰隆"一声，爆炸发生了。这名华为员工受了重伤，被人抬往医院抢救。任正非知道这个事件后，非常重视，亲自去探望。

任正非拉着这名员工的手说："孩子你才二十多岁，大家都往东跑，你咋往西跑呢？"这名员工说："董事长，我们华为的价值观是什么，以客户为中心，我要去抢修手机基站啊，手机基站修好才能救人啊！"

铁骨硬汉任正非哭了，他握着这个二十多岁的青年的手说："孩子，以后当你自己的性命跟公司的价值观产生冲突的时候，记住选择自己的性命。"员工听了这话，哭成了泪人。事后他跟搀扶他来的那两个同事说："董事长说是这么说，如果换作是他，肯定比我对自己还得狠。"

毫无疑问，与人为善、关爱部属是一种高明的领导智慧，特别是在重情重义的中国文化之中，这种方法更为有效。

言善信，无信则不立

"信"是信用、诚信，"言善信"的意思是说话要言而有信。

"信"是中华文化的精髓，也最为中国人所推崇。"言而有信""人无信不立"，无不体现古人对于"信"的坚守。

季札是春秋时期吴王寿梦的小儿子，他为人很讲信义，在当时备受推崇。

那一年季札北上要去鲁国做客。他跨过长江，越过洪泽湖，到达出访的第一站徐国。徐国是一个据说从夏商之际就存在的东夷小国。徐国的国君早就听说过季札，因此热情接待了他。季札腰配宝剑，身着华服，面见徐国国君时侃侃而谈，让徐国国君为之折服。

但是季札也注意到，徐国国君在和他交谈时，有点心不在焉，不时拿眼睛瞟他腰间佩带的宝剑。这倒不是因为徐国的国君担心季札会对他不利，而是吴国出产的宝剑实在太有名了，不但非常锋利，而且也很美观，因此引起了徐国国君的注意。

徐国国君不好意思张口索要宝剑，季札虽知道对方喜欢这柄剑，但是他还要佩带着前往鲁国，以示敬重，因此也不便将宝剑现在赠送。但是他内心暗自许诺，待从鲁国返回时，一定将宝剑双手奉送。这大概就是古人说的"心诺"吧。

后来季札从鲁国出使回来，便想将宝剑送给徐国国君。然而当他来到徐国时，才知道徐国的国君已经去世了。季札觉得非常愧疚，他决定把这柄剑送给徐国的新国君。

然而这位新徐君坚决不收，说："先君没有说过这件事，我不敢收啊！"季札没有说什么，来到老徐国国君墓前拜了几拜，然后把剑挂在墓边树上，飘然而去。

后来徐地人还写诗赞美季札说："延陵季子不忘故，脱千金之剑兮带丘墓！"今徐州云龙山上还有季子挂剑台，不过当时的徐国都城离徐州还是有一定距离的，但也表现了古人对延陵季子高风亮节的追思。

孔子很欣赏季札这种德行，尽管他和季札平生没什么交往，但是季札死后，他还是千里迢迢前往吴国吊唁，还为季札题写了碑文，"呜呼有吴延陵季子之墓"。

季札有这么大的影响力，不是因为他出身高贵，而是因为他的诚信。这种诚信足以让他领袖群伦，成为一名出色的领导者。

现代企业制度更是以"信"为本，一个领导者必须讲诚信，对属下的承诺要守信，否则他的指令、计划也将成为一纸空文。

对于投资，雷军曾说："我有很强的信用，一群人投钱给我。其实我今天跟他们讲 A 股，他们会投钱；我明天跟他们讲 B 股，他们也会投钱。原因很简单，其中的投资者都跟我合作过 5~10 次，我都给人挣过 5~10 次钱，如果我每次讲的都是对的，我讲第 11 次的时候，你信还是不信？"

现场主持人让雷军给大家讲讲创业的经验。雷军说："创业是个很艰难的事情，第一件事就是要钱。第一个问题就是从你身边的人找第一笔钱。而找第一笔钱的过程应该是在很久很久之前就必须建立好你能找到钱的信用。"

所以对于雷军来说，信用比创业成功还要重要。他在给投资者推荐一个公司的时候，总是在想，如果这次搞砸了，那么自己以前积累的信用就全完了。因此每做一个公司都小心谨慎，拼尽全力将公司做好，给投资者挣钱，维护好自己的信用。

如果领导者是个讲信用的人，他的每一个承诺都能兑现，那么他根本不用考虑如何提升领导力。怎么做一个好的领导？他只要做到"言善信"，让合作伙伴、让自己的员工相信自己说的话，这样就够了。

政善治，一碗水端平

管理众人之事称为政治。上善之人如何管理众人之事呢？那就是要像水一样，"水之为治，若大匠取法，以平中准定上下，不左不右，不偏不倚，视万物一视同仁，最为公平。"

作为领导如何管理众人，使众人有条不紊地做事呢？那就要做到"政善治"，对下属也好，对自己也罢，要不偏不倚，一视同仁。

战国时期，墨家的代表人物腹䵍在秦国很有声望，是秦惠王的座上宾，可以算是上善之人，但是他遭遇了一场信任危机。

腹䵍生活清贫，为人低调，又很有才干，因此深得秦惠王的信任，并且受到秦国百姓的拥戴。但是他在家里就没有这么高的威信了。

腹䵍的妻子比他小二十岁，可以说是老夫少妻，加之老来得子，因此非常宠爱妻子。不过腹䵍的妻子并非悍妇，很守礼法，她只管家里的事，外面的事从不干涉。

一次，腹䵍的儿子外出游玩，因年轻气盛和一个年轻军官起了争执。当时秦国的民风非常剽悍，双方由争执到大打出手，最终腹䵍的儿子失手刺死了那名军官。

在秦国杀人是要偿命的。腹䵍妻子知道这件事后，向腹䵍哭诉："老爷，我们就这一个儿子，何况他也不是故意杀人。你去求求大王，他一定会给你面子，饶了我们儿子的。"

要是平时腹䵍一定听夫人的，可这次他一句话也没有说。

第二天秦惠王召腹䵍上朝。秦惠王主动说："先生年纪大了，又没有其他儿子，我已经下令司法官员赦免了你的儿子，他就在殿外，你带他回家吧。"腹䵍给秦惠王行了一个大礼，带着儿子回家了。众人对此议论纷纷。

可是第二天，腹䵍已经下令把儿子处死了。这件事传开后，人们对腹䵍公正执法、不徇私情的作风更加钦佩，纷纷投到他名下。

现代企业，讲究以制度管理人。作为领导者要做到"政善治"，在制定和执行规章制度的时候，更是要做到不偏不倚、公正严明，不能因为偏爱某人就给更多的资源，因讨厌某人就少给，否则是没有威信的，也就谈不上什么领导力了。

事善能，举贤图大业

"能"就是能力，"事善能"的本义是上善之人要善于发挥其所长，又要尽心弥补其短板，同时又能帮助其他人发挥才能，实现共同的价值。

水，其质柔弱而无形，可圆可方，随方随圆。老子提示我们要像水一样，既善任其事，又善利其物，这样才能人尽其才、物尽其用。

人生在世，不可能擅长所有的事。有的人擅长组织，有的人擅长表达，有的人擅长做事。领导的责任在于发挥自己才能的同时，让属下的人也人尽其才，这样才能成就一番事业。

春秋时期，鲁国国君鲁哀公就不是一个合格的领导人，因为许多在他手下的人都感慨，才能得不到施展。以后来在燕国出名的田饶为最。

田饶志向远大，在鲁国待了很多年都得不到重用，终于有一天，他忍不住要离开了。

鲁哀公一头雾水，说："你在我这里好好的，为什么要离开呢？"田饶心想自己反正是要走了，不如开诚布公地和国君谈一下吧。田饶就说："国君您知道雄鸡吧？它有大红的鸡冠、锐利的爪子，面对外敌时，能够毫无畏惧地战斗。遇到食物时，毫不吝惜，招来其他的鸡一起享用。而且它还能按时打鸣。

即便如此，哪天您一高兴就把它吃掉了。可是鸿雁呢，从千里之外飞来，偶尔会落到您的池塘边，吃您池塘里的鱼鳖，吃完之后就飞走了，可您仍对它不吝惜赞美之词。"

田饶的意思很明确，他就是那门口的雄鸡，论外形、才干、忠诚度都可以算得上是一等一的人才，可鲁哀公偏偏看不到，反而喜欢那些带着神秘感和不确定性的鸿雁。

鲁哀公听了田饶的话，想了想，也是这个道理，连忙挽留田饶，对他说："先生你还是先别走了，我把你的话记下来了，今后一定改。"

可是田饶非常了解鲁哀公，他还是走了，独自一个人去往燕国。

燕国国君早就听过田饶的大名，给了他施展才能的机会。仅仅 3 年时间，田饶就把燕国治理得井井有条，成为远近闻名的强国。鲁哀公知道后，又羞又愧，可是事已至此，无法挽回。

许多领导就像鲁哀公一样，对于身边有才干的人不以为然，不挖掘或者让他们发挥自己的才干，迷信"外来的和尚会念经"。这样的领导是做不到"事善能"的。

曾国藩有一段时间很郁闷，他想不通，为什么自己苦心培养的人才在他最需要的时候，却一个个离他而去。要说小恩小惠和个人感情投资，曾国藩做得也很好。可是这些在人才流失面前丝毫不起作用。

曾国藩和自己的好朋友赵烈文诉苦说，你看这些人为什么不顾感情非要走呢？好一点的还编个瞎话骗我说家中有事，需要回去打理，更有甚者招呼都不打，直接卷铺盖走人，这是为什么呢？

赵烈文告诉曾国藩说，其实原因不在他们，而在你。你知道吗？譬如胡林翼（曾国藩的老乡，另一支湘军的统帅）打下一个小小的县城，给皇上保举1000多人，这1000多人都跟着他飞黄腾达。而你呢？你打下武汉三镇，那么大的军功，可是你只给皇上保举200人。这样一对比，还用我明说吗？所有人都知道跟你干，出头难，升迁慢，所以离你而去。

一席话惊醒梦中人。曾国藩从那一刻开始更加重视人才，凡是跟着他的人，要名给名，要利给利，要权给权，只要能打胜仗，曾国藩什么都舍得。

曾国藩有句名言，叫"集众人之私，成一人之功"。这句话的意思是只有成全别人的私心私欲，才能让他们尽心尽力，自己的功业功绩功名都是下属创建的，所以也一定要满足下属的愿望。

"集众人之私，成一人之公"，曾国藩的这句话，应该成为每一位领导干部的金玉良言。在企业管理中，每一个领导干部都要知道，下属陪你加班加点，下属给你端茶倒水，下属给你跑前跑后，为什么他们会这样？因为他们为五斗米折腰，因为他们要养家糊口，因为他们也要发展自己，因为他们也想出人头地，所以领导干部自己要成功必须要让下属也成功，甚至要让他们先成功。一定要对得起他们，一定要明白他们的需要，满足他们的需要。

动善时，连接更赋能

"时"是时运、时机的意思。"动善时"意思是上善之人行动时符合时运，能够抓住时机，如此才能够成功。

水随着动荡的趋势而动荡，跟着静止的状况而静止，春融秋冻，才是应时而动。老子讲求无为。水就是无为，不为物先，不为物后，充分利用事物发展的各个阶段，为我所用，这样才成就了水的伟大。

人也是如此，所谓顺势而为、应时而动，没有什么人定胜天，人是天地间的一分子，只有顺应天时、地利，做到"人和"才能成功。作为领导者，必须做到顺势而为，凡逆势而动者，历史一次次证明，只是徒增伤感和遗憾而已。

楚汉相争到僵持阶段，刘邦主动写了一封信给项羽，说我们打了七十多仗，双方都有死伤，老百姓民不聊生，再这样打下去，对得起天下人吗？不如讲和吧。我们约定以鸿沟为界，鸿沟以东归楚，鸿沟以西属汉，双方各守疆土，互不侵犯。

项羽看了刘邦的信，欣然同意，不仅释放了刘邦的父亲和妻子，而且领着大军撤往彭城。这时刘邦也要撤军，可张良、陈平却不同意。他们劝刘邦："如今，大汉已经占据半壁江山，许多诸侯国都归附了汉。楚国呢，正好相反，粮草断绝，形势岌岌可危，这正是灭楚的好时机。不如抓住这个时机，一举打败楚军，免得养虎遗患。"

刘邦听了张良、陈平的劝告，顺势而为，这才有了垓下之围。

顺势而为，动善时，让刘邦建立了汉朝。

领导一个企业也是如此，能够顺势而为，明白行业甚至社会发展的趋势，这样乘势而为，所做的事才能成功。

2021 年年初，贾玲执导的电影《你好，李焕英》火了，短短两个月时间，票房达到 50 多亿元。贾玲成为全球票房最高的女导演。

贾玲作为新晋导演，能够如此成功，就是因为抓住了时机。2020 年疫情暴发后，一直持续了一年多。在这一年多时间里，剧组暂停拍摄，影院关门，整个电影行业都不景气。2021 年影院重新开门后，片源紧张，电影《你好，李焕英》的上映，恰逢其时。

疫情影响的不只有影院，还有观众，他们在家也憋了一年多。而且 2021 年的春节与以往不同，从国家到企业都提倡就地过年。许多人选择去影院看电影，度过春节假期。

正因如此，电影《你好，李焕英》票房大好。可见，"动善时"是何等的重要。

居善地，心善渊，与善仁，言善信，政善治，事善能，动善时，是水的七种美德，也应该成为领导人的七种美德。当然一个人要同时具备这七种美德，基本上是很难做到的。虽说如此，也要做到"虽不能至，心向往之"，这样才会受益无穷。

第六章　上兵伐谋

制度像火，必罚明威

公元前 522 年，春秋时期郑国著名思想家、政治家子产已经垂垂老矣。他是一个极成功的领导者，在他的主持下，郑国由一个中原小国变成了一个可以抗衡晋国等大国的强国。

但再成功的领导者也敌不过岁月的侵蚀。他的继任者游吉作为新任领导，心中难免惴惴不安。子产安慰他说："你执掌郑国的国政，一定要用威严来治理人民。"为了进一步说明，子产还用水和火来举例，"你看那熊熊大火，一看就威猛、严厉，所以很少有人被烧伤；你再看水，外形柔软平和，却有许多人淹死在水里。"因此，他建议游吉要严厉威猛，那样老百姓就不敢轻易犯法了。

这是子产一生经验的总结，但是在游吉看来却有点太过严苛，他不想自己一上任就采取这么严厉的手段，因此一改子产的做法，采取比较宽松的法令。没过多久，郑国的年轻人就感觉到了变化，他们拉帮结派，在芦苇丛生的沼泽地带做起了盗贼。这伙盗贼威胁过往商旅的安全，而且越聚越多，大有威胁国家安全的趋势。

这时，游吉终于坐不住了，他率领战车、骑兵，深入沼泽，和这些人交战，打了整整一天，才将他们镇压。许多年轻人死在了这次战斗之中。

看着遍地的尸体，游吉想起了当初子产说的话。游吉的做法就好比水，让许多本是良善人家的年轻人，慢慢滑向了犯罪的深渊，并因此丢了性命。

鉴于此，法家代表人物韩非子提出了"必罚明威"的主张，意思是说要明确惩罚以彰显威严。那么，如何做到明确惩罚呢？这就要求领导者在制定制度的时候，要让它如火一样。火有什么特性呢？

火有耀眼的光亮，任何人都能看到。制度也一样，要有火一样的光芒，任何受制度管束的人都应该看到，要做到韩非子所说的"明"。

火有炙热的温度，一碰就会痛。制度的制定不是为了装点门面，不是为了显示领导者会制定制度，而是让制度的执行者明白制度背后的惩罚手段，产生一种威慑力，让执行者不敢触碰，就像碰到火一样，一碰就会痛。

战国时期，楚国南部有个叫丽水的地方，盛产金子。金子在那时候非常珍贵，许多人都想拥有。可是按照楚国的法令，这些金子都是国家的，私人不能盗采。可是屡禁不止，当地许多人偷偷去开采金矿。

楚王于是下禁令，私自采金的人一旦被抓住，就在闹市之中分尸示众。这刑罚可谓残忍，而且很有震慑力了吧？然而盗采案件仍然一件接着一件，甚至因为盗采而在丽水河里溺亡的人把河道都堵住了。

有严刑峻法，人们仍以身试法，这是为何呢？

原来，人们知道盗采是违法的，而且刑罚非常重，因此行动非常隐秘。当地的执法官员认为杀鸡儆猴——将几个人在闹市之中分尸处决之后，就可以高枕无忧了，因此做事非常敷衍，一个月之中，偶尔去金矿那里巡视几次，抓到人就抓，抓不到就认为人们不敢来盗采了。

官员们的这种做法，让盗采的人认为，那些被抓的人、被分尸的人只是倒霉蛋而已，自己有很大的概率不会做那个倒霉蛋，而且相比收益来说，冒这个风险也是值得的。因此，盗采金矿的事情屡禁不止。

韩非子知道这件事后，感慨地说，给你天下，然后把你杀了，即使再愚蠢的人也不会同意。相反，要是不一定会被杀，那么再大的风险，也有人会做这件事。这就是说，有制度只是一个先决条件，接着就是要严格执行制度，做到有罪必罚。否则，即便有再大的风险，也有人会冒险以身试法。

战国时期，卫国国君为了让一个犯罪的人得到应有的惩罚，不惜用一座城池换一个囚犯，这为历代的领导者树立了榜样。

卫国一个医生犯了罪，被逮捕下狱。可是他偷偷潜逃到了魏国。卫国国君知道这件事后，立刻派使臣带着五十两金子去魏国，要求赎回这个犯人。魏国是当时的强国，根本瞧不起卫国，因此对于卫国使臣的请求不理不睬。卫国国君并不灰心，又派了一名使者，带着疆域图来到魏国。使臣见到魏国国君后，展开疆域图，对魏国国君说，只要他能够将那名犯人遣返回卫国，他们国君愿意把和魏国接壤的一座城池献给魏国。

魏国国君大为不解，不就是一个犯人吗？为何卫国国君要花这么大的力气，三番五次要把他抓回国呢？卫国国君解释说，法度不建立，处罚不果决，即使有十座城池又有什么用呢？反之法度健全，处罚果决，即便是失去十座城池，又有什么危害呢？魏国国君听了深以为然，就让使者把那名囚犯押走了。

卫国虽然是一个小国，但是卫国国君非常重视法度的执行，因此成为一个出色的领导人。

现代企业领导者非常重视制度的建设，万科的前老板王石就是其中之一。许多人认可万科的管理制度，但是将万科那一套制度搬到自己的公司，就不那么管用了，这是为什么呢？

　　1997 年，王石对于上海的万科分公司进行了人员调整，撤换了原来的领导，从总部调了三个很有经验的领导，作为"三驾马车"，担任上海分公司的正副经理和销售经理。

　　这三个人果然很有能力，没过多久，上海分公司的业绩便风生水起，连创佳绩。王石和万科的领导层非常认同这次人员调动。

　　可就在那一年大年三十，上海分公司的一个销售主任却来总部"告御状"，投诉上海分公司的销售经理违反公司的制度，把他解雇了。

　　原来这名销售主任在当地分公司也算是一名老人了，在新的销售经理上任后，处处摆老资格，甚至和新来的销售经理对着干。销售经理请示分公司正副经理，最终三人达成一致意见，解雇了这名销售主任。

　　销售主任也有说辞，他说按照万科的规章制度，基层员工如果犯了错误，首先是降薪降职，如果还不能胜任，才能解雇。

　　万科总部不久就调查清楚了这件事，并且确认销售主任的说法，确有其事。上海的销售经理知道这件事后，觉得很委屈，放话说，要是留着这样的员工，他这个销售经理就不干了。

　　一边是制度，一边是很得力的人才，面对这个难题，想必许多企业领导者会为难。王石做出了最终裁决，撤回上海分公司的决定，按照公司的制度，那名销售主任降薪降职，接受了销售经理的辞呈，上海分公司的"三驾马车"，

变成为两驾。

王石的做法正是对于"制度像火"原则的坚持，尽管有时候触犯制度的人是因为各种原因，甚至是为了公司的利益，但火就是火，不碰不烫，一碰就烫，谁碰谁烫。这是不会改变，也不能改变的。

军令如山，令行禁止

"军令如山"就是军令就像山一样不可动摇，必须执行。

"令行禁止"出自辅助齐桓公成就霸业的管仲之口。他在《管子·立政》篇中说："令则行，禁则止，宪之所及，俗之所破。如百体之从心，政之所期也。"管仲这句话的意思是说有命令就要执行，有禁令就要停止，法令所至、风俗能影响到的地方，就像身体各个器官服从心的领导一般，这样就是为政所期望的局面了。

"军令如山，令行禁止"，强调军令、政令、公司领导的指令要无条件服从、执行。当一个命令得不到执行时，就和没有发布这个命令没有任何区别；如果只执行一部分，效果就跟没有发布这个命令差不多。

唐朝安史之乱时，许多地方官吏、军队的将领罔顾朝廷命令，逃的逃，降的降，大好河山半数落入叛军之手。可是有个人却不同，他就是守卫睢阳与叛军交战四百多次，力保大唐东南疆域的张巡。张巡一个文官何以能够在如此危险的局面下，拥有这般耀眼的表现呢？

张巡守卫雍城时，军士报告说：令狐潮来犯。这令狐潮原本是朝廷的将军，与张巡很有交情。张巡虽然痛恨他反复无常，但还是保持了基本的礼节，

在城楼上和令狐潮互道"辛苦"。

令狐潮以为有机可乘，便劝张巡说："天下大势已去，你守着这座孤城，是为了谁呢？"张巡说："令狐兄平日里以忠义自诩，今天这样，谈何忠义呢？"令狐潮听了张巡这话，羞愧难当，只好领兵撤了。

但很快前方又传来噩耗，一国之君唐玄宗已经前往四川避难去了。整个朝廷群龙无首，张巡困守孤城，想要等到朝廷的救援，显然是不可能了。

因此令狐潮又写书信劝张巡投降。张巡手下的将士们也纷纷抱怨，朝廷都撤了，我们还守在这里干什么呢？张巡听了这话，在军帐内挂起唐玄宗的画像，率众朝拜，并且处决了那些主张投降的将军。这时将士们才明白，天子虽然撤走了，但是军令仍在，必须服从。

没几天，令狐潮又率领大军前来攻城。张巡命令手下大将雷万春在城楼上和令狐潮对话。这是个十分凶险的任务。城外的叛军对于张巡迟迟不肯投降，早已按捺不住胸中的怒火。而且张巡几次凭借三寸不烂之舌，劝退了令狐潮，让令狐潮那些只懂得使用武力的将军们大为不快。

雷万春也知道这个情况，但他还是毅然决然走上城头，和令狐潮对话。

令狐潮手下见张巡又要故技重施，根本不听雷万春说什么，引弓就射。雷万春一动也不动，身上连中六箭哼也没哼一声。令狐潮以为是木头人假扮的。后来探子回报说城楼上就是雷万春本人，令狐潮大为吃惊。后来交战时他对张巡说："看见雷将军本人，才知道什么是令行禁止。"

城中百姓也知道了张巡的坚定决心，因此当张巡下令"投靠叛军做首领的统统斩首，胁从者可以回归本业"时百姓们纷纷离开了令狐潮阵营，回到了雍城。就这样，令狐潮与张巡僵持了很久，始终没有攻下雍城。

正是张巡对于军令如山、令行禁止的重视，才能立下不世之功。其实许多人往往不知道"令行禁止"的重要性。正如当年魏武侯问著名军事家孙武时所说的话一般。魏武侯说："打仗靠什么取胜呢？难道不在乎兵力的多少吗？"孙武说："假如法令不严明，赏罚没有信用，鸣金不收兵，擂鼓不前进，即使有百万之众，又有什么用呢？"所谓治理者就是驻扎时守礼法，行动时有威势，进攻时锐不可当，撤退时不追击。前进后退有秩序，左右移动听指挥。

孙武说的这个道理，就好像一个领导管理团队一样，领导是心，属下是手，心手合一，这个团队才能形成合力，从而完成既定目标。

2020 年，华为内部统计，全年营收达到 1367 亿美元，世界 500 强排名第49 位，是我国排名最高的高科技企业。就在 30 年前，华为还只是一个拥有六个人的小作坊，注册资金只有两万元。

华为能取得如此重大的成就，很大一部分原因是严格的管理。任正非是军人出身，对于纪律、流程有天然的亲近感，他将军队的一套制度引入华为的管理之中。特别是军队的保密措施、流程制度、员工的忠诚度方面，更是在华为的管理制度中体现得淋漓尽致。

众所周知，华为的研发人员拿着让许多人羡慕的薪水，但是他们执行着近似于军队的管理制度。上班不能连互联网，不能处理和工作无关的邮件，每个人的邮件由公司相关部门监督。另外公司电脑的 USB 接口，全是封死的，不允许共享任何私密文件。华为的考勤制度就更不用说了，9 点上班打卡，即便是过了一秒钟也算迟到。

任正非解释华为为什么采取这么严格的制度时说，如果我们不能有一个非常严格的管理制度，那我们就是混乱不堪，客户怎么能信任我们呢？非上市公司并不等于比上市公司自由和管理差，我们要对全球客户负责。

作为领导者，要军令如山、令行禁止，只有如此才能使自己的命令、计划得以施行，也唯有如此才能带出一个强有力的团队。

流程似渠，水不漫堤

"只看结果，不问过程"，这可能是许多领导者的工作作风，甚至有人认为这已经融于中国人的基因之中。其实不然。中国传统文化是很重视过程、流程的，比如古人信奉的"礼"，是一套完整的流程，这个流程让每一个人遵循施行，就能达到上下一心的目的。

正所谓"流程似渠，水不漫堤"。如果领导者制定的流程像渠道一样，那么下属纵然各有各的想法、各有各的行事方式，如水一般，就算受到堤坝的制约，也不会漫过堤坝，能到达所设定的目标。

楚汉相争，刘邦胜出，做了皇帝。他手下都是跟随他出生入死一起打天下的兄弟，而且都是武将，不懂得什么规矩礼仪。

有一次，刘邦召这些人喝酒叙谈。那些将军们最初还比较拘束，喝了酒之后渐渐放松下来，在大殿上大吵大嚷，又哭又笑，甚至动刀动剑，朝堂如同市集一般，吵吵闹闹。

这时有个叫叔孙通的儒生，建议刘邦要制定一套上朝的流程，这样朝堂就不会混乱了。

刘邦采纳了叔孙通的建议。于是叔孙通从鲁国招来三十多个儒生，请他

们一起制定礼仪，并且做演练，然后完善。

就这样一套成熟的上朝礼仪流程形成了。

公元前 200 年 10 月的一天，天还没亮，叔孙通引着一班文武官员，在长乐宫外按照官职的大小在城门外排队等候。宫门外旗帜飘扬，雄壮的武士手持斧钺，尽显威严。官员们上殿之后，按照规矩分班站立。刘邦询问的时候，臣子们才能回话。刘邦召他们喝酒时，他们小心翼翼，生怕喝多触犯了朝堂的律令。如此威严、有序，让刘邦大为畅快，感慨地说："原来当皇帝这么好。"

那些当初随同刘邦一起打天下的文臣武将，各有各的性格，各有各的脾气，如果不加约束，会如同水一般，四处漫溢。可是叔孙通建立了一套完善的上朝流程，这些平日里散漫的文臣武将，就懂得了规矩，知道了礼法，这就如堤坝里的水，不会漫决了。

企业管理也是如此，有一套成熟的行事流程，每个人都知道什么时间该完成什么工作，这样才能成为一个整体，从而很好地执行领导的指令。

万科随着公司规模的扩大，其组织架构也在不断变化，目的就是为了适应公司的发展。

万科成立之初，是一家以贸易为主的小公司，当时每个人"漫天撒网，就地捕鱼"，为的是寻找各领域的盈利点，迅速积累资本。当时的管理流程是直线式的，王石当时任总经理，下设三个部门业务科、行政科和会计科，这种简单的组织形式，很适宜初创的小公司，便于提高效率。

后来随着规模的扩大，万科增设了更多的职能部门，这样有利于发挥各部门的专长，同时也让具体的部门负责人能够人尽其才。1988 年，被认为是万科发展的关键一年，王石将万科的重点业务定位为城市居民住宅。为了适应这种定位，他裁撤了其他领域的职能部门，扩大了房地产的职能部门。在此基础上，王石研究出一套行之有效的"万科模式"。这种专业化的模式可以在深圳使用，也可以在北京、上海使用。正因为如此，万科才能够迅速发展，成为国内知名的房地产企业。

许多企业的发展历程表明，那些重视流程并不断革新的企业，许多都取得了成功，而那些不重视流程，让员工自由发挥的企业，大多数没能更上一个台阶，成为大企业。由此可见，流程似渠，理顺了流程，才能做到水不漫堤。

文化是魂，上下同欲

《孙子兵法·谋攻篇》有云："上下同欲者胜。"这句话意思是说上下同心同德、一心一意、齐心协力，才能取得胜利。那么如何做到上下同欲、齐心协力呢？靠的就是文化。团队文化是灵魂，上下具有一个灵魂，团队才有执行力，带出这样团队的领导者才是一个合格的领导者。

王石在总结万科成功的经验时说："回顾以往 20 年，万科最值得骄傲的事情，是在行业还有待成熟的时候，我们建立和守住了自己的价值观，在任何利益诱惑面前，一直坚持着职业化的底线。……未来也许万科的一切都会改变，但唯一不变的是我们对职业化底线的坚守。"万科的文化其实就是他们坚守的价值观。

有文化的企业能够做到上下同欲，这样队伍才能打胜仗，反之则不能成功。

战国时期，齐国名将田单用火牛阵大破燕军的故事为众人熟知，可很少有人知道就在此战后不久，田单就遭遇了一场惨败。

田单凭借火牛阵大破燕军，携胜利之势一举收复了七十余座城池，接下来，他把目标对准了另一座城池狄邑。大军马上就要出发，田单和他的好友、齐国的著名谋士鲁仲连告别。这时，鲁仲连说了一句话让田单十分不快。他说："将军此次攻打狄邑，难以取胜。"

大军出征在即，最忌讳说失利的话，可是鲁仲连却如此直接。田单已然怒火中烧，可是看在多年老友的分上，强压胸中的怒火说："我在即墨作战的时候，曾以老弱病残打败兵强马壮的燕军，接连收复七十余座城池，如今面对的是小小的狄邑，兵不多，粮不足，先生何故出此不祥之言？"田单说罢，拂袖而去。

田单率领大军将狄邑团团围困，接连好几个昼夜攻城，可是三个月过去了，狄邑仍旧坚如磐石。田单眼睛都熬红了，在军帐里急得团团转，不知道为什么一个小小的狄邑如此难打。这时他想起了大军出发前，鲁仲连说的话，因此连忙去找鲁仲连请教。

鲁仲连说："将军在即墨的时候，虽然贵为主帅，但坐下来就同士兵们一起编织草袋，站起来就和士兵们一起干活。将军有必死的决心，士兵们也是和你一样的心思。因此你下令的时候，士兵们莫不奋不顾身，一往无前。因此你才能打败强大的燕军。可是现在呢？形势完全变了，将军新被封为安平君，东边有人送来源源不断的粮草，西边有夜邑可以寻欢作乐。你腰缠金带，鲜衣怒马，已经没有当年拼死一战的决心了。"

田单想想果然是这个道理，再次攻城时，他冲锋在前，站在矢石如雨的地方，亲自擂鼓呐喊，士兵们看到昔日那个带他们打败强大燕军的田单将军又回来了，因此就像当初一样勇往直前，最终攻下了狄邑。

最初，田单率领强大的齐军，兵精粮足，但是上下各有各的心思，因此

155

狄邑久攻不下。而田单听了鲁仲连的劝说，和士兵同甘共苦，一起进退，这才做到上下同欲，因此才能攻下狄邑。同甘共苦这种文化已经融入了田单这支军队之中，成为这支军队的 DNA，决定了这支军队的性格。如果不能做到同甘共苦，显然不能够成功。

企业管理也如是。如果领导者能够建立起符合自己企业的文化，做到上下同欲，企业才能取得成功。

20 世纪八九十年代，美国得克萨斯州有一家电器公司，因为经营不善，濒临倒闭。这时他们请了一个日本的职业经理人。为何邀请日本职业经理人呢？其实是有历史背景的。当时正是日本经济飞速崛起的时代，日本人对于企业的管理、企业文化的建设有许多独到道见解，甚至连西方的管理者都认识到东方管理思想的独特魅力。

再说得克萨斯电器公司请的这位日本职业经理人，走马上任后只用了三招就让一个濒临倒闭的公司恢复了活力。第一招，他将公司的员工们召集到一起，请他们喝咖啡，还送给每个人一台半导体收音机。他和员工们聊天："你们看，这么脏乱差的办公环境怎么能发展生产呢？"众人也纷纷吐槽，最后日本经理带领大家粉刷墙壁、清扫环境，工厂面貌为之一新。第二招，他拜访了几名工会的领导人，恳请他们"互相协作，多多关照"，公司和工会敌对的气氛有所缓和，工人们在感情上靠近了公司。第三招，公司人手不够，招聘员工时，优先招聘原来的老员工。这样一来，工人们就更信任公司了。

日本经理人做的事正是上下同欲，让公司的员工和公司的命运紧紧相连，这样才取得成功。

　　企业的制度能够保证公司正常运行，但是制度是有滞后性的，在生产中、在商业较量中，总会有意想不到的事情发生，这时就需要企业文化发挥作用，因此企业的文化是灵魂。合适的企业文化能够让上下同欲，拥有同样的信仰、同样的理念，这样的团队才是真正有战斗力的团队。

霸王之兵，率然之蛇

2001 年，董明珠成为格力总监后，原来的副总经理基本上都走了。董明珠对待下属高管很 "霸道"，可是董明珠成功了，她成了中国最成功的企业家之一。"霸道" 是其一贯的风格，行事的逻辑与众不同，可她为何能获得成功，她的领导力为何如此之强呢？

《孙子兵法》中有一句话："将听吾计，用之必胜，留之；将不听吾计，用之必败，去之。"这句话的意思是说，一个将军，要是听我的计谋，用他就会胜利，要想尽办法留下他。一个将军要是不听我的计谋，用他就必然失败，因此要尽快把他赶走。

一个统帅，要做到的就是属下不质疑统帅的决定，不怀疑统帅的命令，坚定执行就好了。

也许有人认为这个统帅不够民主，群策群力不是更好吗？下属按照战场上瞬息万变的局势决定下一步的行动不好吗？历史表明，许多不够民主的统帅却取得了意想不到的成功。

三国时期的刘备是大家所熟知的，提到刘备人们的第一印象是 "哭"，心慈面软。其实不然，刘备用今天的话来说其实也是个 "霸道总裁"。

当年，刘备虽然号称是中山靖王之后，有皇室血统，却也不过是个织草鞋贩草鞋的下层人士而已。可他遇到了关羽、张飞，于是有了桃园三结义。虽然三人以兄弟相称，但是大哥只有一个，那就是刘备。

刘、关、张三兄弟四处流离，寄人篱下。直到刘备三顾茅庐，诸葛亮献《隆中对》，刘备才豁然开朗，有了割据一方的雄心。关羽和张飞对于刘备低声下气地讨好诸葛亮颇有微词，而且在诸葛亮出山之初也不是真心信服诸葛亮，做事没那么尽力。

这时刘备说话了："我得孔明，如鱼得水，你们两人不要闹别扭。"关羽、张飞一看大哥都这样说了，终于放下心中的成见，听从诸葛亮的驱使。

正因为如此，刘备才从一个市井贩夫一跃而成为蜀汉皇帝，坐拥三分之一的天下。刘备这个"霸道总裁"可以说已经非常成功了。

再看刘备的死对头曹操，论文采、论智谋要远胜于刘备，可要说"霸道"，让部下服从，却不及刘备。想当初官渡之战时，曹操的实力远不如袁绍，曹军中许多人向袁绍写降书献媚，尴尬的是官渡之战后，这些降书落在了曹操的手中。曹操能怎么办呢？总不能把这些人都处死吧，只好将这些降书付之一炬。

要论执行力，就是雄踞东南的孙权也不如刘备。赤壁之战时，面对曹操八十万大军，东吴立马就分成了两派，而且以张昭为首的投降派居然占据了上风。如此看来，论霸道论执行力，孙权也不及刘备。

不论是治军、理政抑或管理一个企业，霸道是必不可少的。当然这种霸道不是孤家寡人、光杆司令，而是以一个主要领导为核心，几个或一群志同道

合的人，为了一个共同的目标而努力奋斗。

史玉柱因为要建那座他梦想中的"中国最高楼"，一下子从商界的风云人物成为负债两亿的落魄者。最困难的时候，他身边的人没领到一分钱的工资。尽管如此，却始终有四个人对史玉柱不离不弃，最终帮助史玉柱东山再起，他们被认为是史玉柱的"四个火枪手"。

临之以庄，以策安全

作为公司的领导应该如何建立起自己"霸道总裁"的形象呢？

孔子有一句话说得比较好："临之以庄，则敬！"这句话的意思是说，你对待他们的时候严肃认真，他们就会尊敬你了。

领导一个企业也和带兵打仗一样，要"临之以庄"，属下才能心生敬畏。

孔子还有一句名言，虽然本意不是管理，却深得管理的精髓，那就是"近之则不逊，远之则怨"。意思是说，对一个人，保持适当的距离比较安全，太亲近了他就不尊重你，对他疏远了，他就会怨恨起来。

东晋时期，大将军桓温对此深有体会。那是桓温在徐州任刺史时，认识了一个朋友名叫谢奕，两人志趣相投，引为知己，经常在一起喝酒聊天。最初，谢奕还守规矩，可是后来便随便起来，经常在桓温的府上掀起头巾，露出前额，这在当时严肃的官场来说是不被允许的。但是桓温却没有在意。

可是后来，这个谢奕更放肆了，经常当着许多人的面，说话不知轻重，时不时还拍拍桓温的肩膀，捏捏桓温的鼻子。谢奕这样做，让桓温在同事和下属面前很没面子，也没了一个领导应该有的威严。

桓温为此很苦恼，怪自己当初没有保持适当的距离。

而谢奕则把桓温的容忍当成资本，继续着他的恶作剧，甚至常借着酒劲挑战桓温的底线。有一次，谢奕喝醉了，桓温怕他纠缠，干脆假装不在。可是谢奕却在外面大声喊："我知道你在呢，再不出来我就要破门了啊！"桓温知道他的个性，使了个诈，偷偷往老婆那里去，边跑还边回头，结果没看前面的路，一头撞到柱子上去了。老婆看着狼狈的桓温，大笑着说："如果没有你的狂妄司马，我还真见不到你这个大忙人啊。"一句话把桓温说得面红耳赤。

从刘强东的创业史来看，他是很人性化或者说善良的。他在读大四的时候，花了20万元盘下了学校的一个餐厅，自己经营做老板，他给餐厅的每个员工发了一块手表，给他们的工资翻番，还将他们的宿舍从地下室搬到了楼上。就是这样人性化的管理让一些人"不逊"起来。采购人员高价采购，中饱私囊，前台和大厨勾结，变着法将餐厅的钱装进了自己的腰包。就这样，刘强东苦心经营的餐厅，没多久就倒闭了。

还有一件事，让刘强东触动很深。他在《地板闹钟的故事》一文中回顾当初他创立京东时的艰辛。每隔两个小时就要定一次闹钟，闹钟一响便起来工作。不仅他如此，他的那些员工兄弟和他一起拼，可以说他们曾经是志同道合的人。正因为这样，才有了今天的京东。

那么企业壮大之后，许多人功成名就，不再拼搏了，甚至不再志同道合了。作为一名管理者，如果不用雷霆手段，不放下"混日子的不是我兄弟"的狠话，怎么才能让一个已经很庞大的企业焕发新的生命力呢？

生于忧患，哀兵必胜

20 世纪 70 年代，世界五百强企业——日立公司在毫无预警的前提下，突然宣布公司三分之二员工约 67 万人离开工作岗位，回家待命，公司发 97% 的薪水。紧接着公司 4000 多名高层管理人员大幅度降薪，连新入职的员工都要推后 20 天到岗。日立公司遇到什么大麻烦了吗？

没有，这仅仅是他们的一个策略：创造末日危机，提升员工的执行力。

《孟子·告子下》中提出"生于忧患，而死于安乐"。孟子是儒家代表人物，被称为"亚圣"。他是春秋战国时期较早提出忧患意识的著名思想家，并且将这种忧患意识提升到人事成败、国家兴亡的层面。

对于人事而言，"艰则无咎"。这四个字源于《易经》。意思是一个人活在举步维艰的日子里，警惕性非常高，战斗力非常足，反而没有灾难。

对于国家而言，"入则无法家拂士，出则无敌国外患者，国恒亡"。国家如果没有一个能与之匹敌的邻国和来自外部的忧患，就一定会有亡国的危险。

春秋时期，南方的越国和吴国是一对死敌。公元前 496 年，吴王阖闾趁越国国王允常去世之际，发动对越国的战争。没想到越国早有准备，吴国军队轻敌冒进，结果一败涂地，吴王本人也在这场战争中不幸受伤，死在军中。

吴王阖闾在临终之际留下遗言，一定要灭掉越国，为自己报仇雪恨。这个艰巨的任务就交到了阖闾的儿子夫差手上。

这时的吴国处于一种巨大的危机之中，外有强敌越国虎视眈眈，内部夫差刚刚即位，政权不稳。这时夫差重用伍子胥、孙武以及伯嚭，奋发图强，整日操练军马，积极图谋复仇。为了让自己记住复仇大任，他每次经过宫门，就让人高喊："夫差，你忘了越国杀了你的父亲吗？"夫差每每流泪高呼："不，我不敢忘！"

就这样，经过3年的艰苦准备，终于在太湖一战中，大败越军。越王勾践仅仅率领5000多残兵败将，逃回越国都城会稽。

此时，越国陷入了巨大的危机之中。越王勾践哀叹："30多年来，从没有遇到过这样的失败！"勾践派人到越国求和，结果夫差听了伍子胥的建议，坚决拒绝。面对如此严峻的形势，勾践坐卧不宁，深知自己面临随时亡国的危险。

越国君臣苦思良策，终于打听到吴王信任的伯嚭贪财好色，他们便以此为突破口，送给伯嚭美女和金银珠宝。伯嚭说服夫差答应了勾践的求和要求，但有一个条件，那就是勾践要去吴国，做吴王的仆人。

勾践没有丝毫犹豫，带着夫人去了吴国。吴王夫差为了显示自己的强大和为父报仇后的志得意满，让勾践到阖闾的坟前守坟、喂马。勾践一一照办，而且表现得心甘情愿。

夫差看到勾践如此恭顺，便将他放回了越国。紧接着便是勾践卧薪尝胆的故事，他不仅以此来提醒自己当初受到的屈辱，而且积极发展生产，整顿军队。几年之后，越国便重新强盛起来，这又一次印证了孟子"生于忧患"的思想。

反观夫差却"死于安乐"。打败越国之后，他马放南山，安心享乐，最终兵败身亡。

从企业的角度而言，同样是"生于忧患，而死于安乐"。一个员工、一个团队，经过一段时间，便"懒惰"起来，执行力严重下降。这是人的惰性使然，是缺乏危机意识的表现。所以，应该从员工的惰性入手，适当地制造一些危机，或者让员工明白潜伏的危机，利用危机去战胜和克服惰性，这对于许多企业来说，确实是个很有意义而且屡试不爽的策略。

海尔的张瑞敏经常告诫员工，"海尔离倒闭只有一天"。

美团的王兴在内部会议时提醒员工："绝不是危言耸听，美团离破产只有6个月时间！"

华为的任正非曾说，"自己几十年来，天天思考的就是失败。"

这些成功的企业家，用的都是危机激励法，他们明白"生于忧患，而死于安乐"，只有让管理人员和全体员工明白自己处于危机之中，员工才能群策群力，爆发出强大的执行力，和公司共创美好未来。

"投之亡地然后存，陷之死地然后生"，这是《孙子兵法·九地篇》中的一句话，后来演化为"置之死地而后生"。《孙子兵法》被认为是中华智慧集大成者，许多政治家、军事家、企业家都遵从《孙子兵法》中的指导思想，取得了巨大的成功。

秦朝末年，陈胜、吴广挑起了反秦的大旗，各地纷纷响应，反秦大业形

势一片大好。这时秦二世胡亥起用大将章邯，先是镇压了陈胜、吴广的农民起义军，紧接着北渡黄河，将赵国团团围住。赵王歇被困巨鹿，形势岌岌可危。

当时的各路抗秦义军中，以楚军最为强大。赵王歇自然向楚军求救。楚王本着唇亡齿寒的原则，派宋义为上将军，统率大军前往援救赵军。

宋义手下有两名后来大家耳熟能详的大将，一个是次将军项羽，另一个是末将范增。项羽和范增一个有勇，一个有谋，本来应该有一番作为。可是他们的顶头上司宋义认为章邯骁勇善战，自己的兵马根本不是对手，因此驻足不前，白白浪费了一个多月的宝贵时间。

项羽按捺不住，几次要求出兵，都被宋义驳回，最后忍无可忍，拔剑怒斩宋义，获得军队的主导权。

赵王歇的求援信一封接着一封，发到项羽的军帐中。这边项羽的兵马粮草均不如章邯，此外长时间的驻足不前，士气低落，人心思归。何况章邯是早已成名的战将，面对这样的对手，项羽该怎么办呢？

事实证明项羽并非有勇无谋，他亲率大军渡过漳河，之后便将渡船全部凿沉，将做饭的锅全部砸毁，士兵们仅带了三天的干粮便和十倍于自己的敌人战斗在了一起。

正所谓"投之亡地然后存，陷之死地然后生"，没有退路的将士，个个如亡命徒一般，爆发了惊人的能量，无不以一当十，奋勇杀敌。章邯的秦军很快就败下阵来，连他本人也投降了项羽。

项羽一战成名，将置之死地而后生的策略运用到了极致，为后世争相效仿。

商场上许多成功的企业家也运用置之死地而后生的策略，让企业在一次次危机之中发展壮大。长城汽车董事长魏建军意识到"没有退路，才有出路"，几次破釜沉舟搞创新，开拓新市场，终于让长城汽车成了中国汽车行业的领军企业。李宁集团的创始人李宁相信"人有无限潜能"，抱着"让我们从头再来"的心态，将自己置之死地，一次次将李宁这个成名已久的品牌挽救于生死存亡的边缘。2020 年 11 月，华为出售了多年苦心经营的荣耀手机业务，这也是华为又一次置之死地而后生的经典案例。

让员工、管理者意识到企业存在的危机，明白"生于忧患，而死于安乐"的道理，充分发挥"弱"的作用，运用"置之死地而后生"的策略，才能上下一心、群策群力，将人的潜能发挥到极致，提升执行力，帮助公司度过危机，取得更大的成就。

无见小利，欲速不达

有的领导为了展现领导力，展示自己雷厉风行的作风，采取非常激进的措施，从目标到实施进度再到人员的管理，都大幅提速。这就像一头饿疯了的狮子，冲进了羊群，它非常亢奋、非常急躁，看到肥羊就乱抓乱咬，结果却一无所获。

速度带不来领导力，带不来效率，只是暂时的激情释放而已。

《论语·子路篇》记载了一个故事："子夏为莒父宰，问政。子曰：'无欲速，无见小利。欲速，则不达；见小利，则大事不成。'"

子夏是孔子的学生，是孔门七十二贤人之一，与许多孔门弟子不同，子夏讲究积极入世，著名的"学而优则仕"就是他提出的。子夏的才能引起了鲁国领导层的重视，孔子也非常希望子夏能够到鲁国做官，实现自己的平生抱负，因此向鲁国的一些当权者大力举荐子夏。

就在这种背景下，鲁国的当权者让子夏出任莒父宰，也就是莒父的县令。

子夏接到任命后，内心十分喜悦，但还有些担忧。喜的是这么多年来，跟随老师学习经典理论终于有了一展身手、付诸实践的机会。忧的是尽管自己在如何治理地方上多有心得，并得到了老师的肯定，但那毕竟是书本上的知识，纸上谈兵可以，落实到具体的工作中行吗？

另外，子夏还有点忧虑，万一自己搞砸了，岂不是丢了老师的脸，让孔门其他的弟子也跟着蒙羞？

马上就要上任了，子夏终于敲开了老师的大门。在子夏看来，老师孔子从一个默默无闻的小吏一步步做到鲁国的大司寇，尤其是老师在许多小地方做过行政官员，深得当地百姓拥戴，一定有很多心得体会和治理地方的经验。

孔子看到子夏来向他请教，便说出了上面那句名言。孔子的意思是说，做事不能单纯追求速度，也不能贪图蝇头小利。如果一味追求速度，反而达不到当初设定的目标。只顾眼前的小利，不看长远是不能成事的。

时光易逝，岁月匆匆，人生在世要有只争朝夕的劲头，但不能盲目躁进、急功近利，否则往往南辕北辙、无功而返。企业管理同样如此。

1984 年被认为是中国现代公司元年，许多日后著名的公司和企业家都在这一年留下了浓墨重彩的一笔。万科创始人王石在这一年在深圳创立了现代科教仪器展示中心，这个名字很长的机构就是万科的前身。海尔董事长张瑞敏这一年三十五岁，在青岛电器厂做厂长，后来青岛电器厂改名为海尔……

这些后来引领风潮的企业家、大公司都不是当年的焦点。当年的焦点属于一个名叫马胜利的造纸厂厂长，尽管这个名字对于今天的许多人来说已经非常陌生了。

马胜利最初是石家庄造纸厂的一名科长。这一年他主动提出要承包石家庄造纸厂，并保证要让这个已经亏损多年的国企老厂扭亏为盈。许多人认为马胜利是痴人说梦，有人劝他不要多事，但是马胜利还是接过了这个重担。上任

后，马胜利进行了多方面的改革，单单靠一种带香味的纸巾就让石家庄造纸厂扭亏为盈，当年实现盈利 140 万元。

马胜利一下子火了，新华社专门为他写了长篇通讯《时刻想着国家和人民利益的好厂长马胜利》。昔日的马科长成了全国知名的优秀企业家，获得了两次五一劳动奖章，并成了人大代表。马胜利身上有一种独特的魔力，他讲话生动幽默，每次开会，会场都挤得满满的，"场内鸦雀无声，听得人们如痴如醉，长达三个小时的报告，竟无一人走动，有人憋着尿也不去厕所"。就是这样的一股魔力，让全国各地刮起了"马氏旋风"。马胜利所到之处都响起了热烈的掌声，那些多年亏损的企业以及企业工人把马胜利看作救世主，仿佛只要他一施魔法，企业就能立刻扭亏为盈。

马胜利也有点飘了，他计划承包全国 20 个省的 100 家造纸企业，连这个超级企业的名字都想好了，就叫"中国马胜利纸业集团"。他是这么计划的，也是这么实施的，短短时间，他就并购了山东、贵州、云南、浙江等地多家造纸厂，并打上了马胜利的烙印。

但是这种粗放式的扩张，很快弊端凸显，许多企业不仅没有体现马胜利的魔力，反而亏损得更厉害了。马胜利也跌落神坛，被免职，被债权人追债，一代著名企业家就此落幕。

马胜利扩张得太快，太追求速度了，他的那个纸业集团的梦想，让他马不停蹄，大江南北地奔波，最终走向了失败。如果他明白"欲速则不达"的道理，结果也许就会不一样。

荀子在《劝学》中说："不积跬步，无以至千里；不积小流，无以成江海。"大意是说不一步步走，就到不了千里远的地方；不积累细小的溪流，就汇聚不成江河大海。

真正成就一番事业的人都清楚，要成就一件事必须有一段忍耐期，这是一个没有任何手段和方法可以避过的阶段。这与追求效率和速度的观点相抵触。

做一件事，管理一个企业，都要经历这个阶段，单纯追求速度、讲求"快"必将导致意想不到的损失。

楚汉相争，汉王刘邦最终战胜了西楚霸王项羽，建立了汉朝。当时，天下群雄并起，刘邦既不是旧贵族，也不是大财主，全凭智慧和实力夺取了天下。称帝后他挟夺取天下的气势，准备对北方的匈奴用兵。

秦末经历了常年的战争，国家实力大大削弱。在中原地区陷入混乱之际，匈奴的冒顿单于迅速壮大，统一了匈奴诸部，实力大大增强。此消彼长，汉朝建立之初的实力可以说大大弱于匈奴。

但是，刘邦却不这么认为。他多次北进与匈奴交手，都取得了胜利。刘邦更是志得意满，打算一举消灭匈奴，消除北方的隐患。

刘邦的谋臣刘敬认为，几次与汉军交手的匈奴兵都是老弱病残，这显然是冒顿的诡计，目的就是引诱汉军冒进。

刘邦不以为然，他觉得敌军羸弱，正好趁机攻击。最终，刘邦在白登山被匈奴40万大军包围了七天七夜，史称"白登之围"。

白登山位于今天的山西大同，当时正值寒冬时节，气温在零下二三十度，汉军的许多士兵都被冻死在了那个荒凉的边关之地，连刘邦本人也觉得大势已

去。好在陈平献计贿赂了冒顿的爱妾，刘邦他们才得以逃出匈奴大军的包围圈，可谓是九死一生。

其实，这次汉军的失败完全是实力不济所致。这件事之后的西汉几任皇帝明白了这个道理，于是休养生息，积蓄力量，终于在汉武帝时期，与匈奴一决高下，最终战胜了匈奴。

管理一家企业，做一个宏大的计划，必须经过一段时间的累积，急躁冒进必然带来巨大的损失。

治丝益棼，大道至简

　　曾经有一段时间股神巴菲特的饭局很火，许多人挤破脑袋，花费大量金钱，为的就是和股神巴菲特吃一顿饭。吃饭的目的无外乎听听巴菲特的投资理念，从而获得更大的收益。

　　拼多多创始人黄峥早在 2006 年就在段永平的引荐下，获得了和巴菲特共进午餐的机会。一顿饭下来，让黄峥吃惊的是，巴菲特说的投资理念都是一些基本的常识，连黄峥的奶奶都能听得懂。

　　中国历史上对于化繁为简，描述得最为形象和贴切的可能就是老子吧。他在《道德经》第十六章中说："治大国，若烹小鲜。"

　　这句话流传很广，许多政治家和企业家都喜欢引用。可这句话是什么意思呢？历史上关于这句话的理解有很多争议。有人说这句话的意思是说，治理大国就像烹煮小鱼一样，调料和火候一定要掌握适中。还有人理解这句话的意思是说，治理大国就像烹煮小鱼一样，不频繁搅动，因为一搅动小鱼就碎了。

　　根据老子无为的思想，我更倾向于第二种解释。对于一个大国，军政、外交、经济、民生等事情何其繁多，但在老子看来就像烹煮小鱼一样简单，这是化繁为简的大智慧。

那么，如何做到治大国若烹小鲜？又怎样做到化繁为简呢？其实就是要处理好事物的诸多头绪。我国历史上有个故事说明了找准事物头绪的重要性。

春秋时期，卫国公子州吁从小就是个浪荡公子，好吃懒做不说，还净动歪心思。他杀了自己的哥哥，取而代之，做了卫国的国君。

可是当时卫国的百姓都极力反对，州吁又动了歪心思，鼓动唇舌，说服了周边的几个国家攻打当时强大的郑国，希望通过转移矛盾来化解危机。

州吁运气不错，最初打了几个小胜仗，百姓的不满情绪暂时被压制住了。其他诸侯国的国君也有内部矛盾，看到州吁的这个办法，也想效法。当时鲁国国君鲁隐公忍不住问身边的大臣众仲："你看州吁这个做法怎么样呢？"

众仲是个有大智慧的人，当时说了一句话，成为千古名句，而且这句话还形成了一个成语——"治丝益棼"。那么众仲说了什么呢？

"臣闻以德和民，不闻以乱。以乱，犹治丝而棼之也。"众仲的意思是说，用德才能让百姓和谐，没听过用乱能让百姓和谐的。要是用乱的话，像没找到头绪就梳理蚕丝一样，只能越理越乱。

相反，要是找到了处理事务和管理企业的头绪，就能做到"治大国若烹小鲜"了。

很多现代管理学家都追求简化管理，倡导越简单越好。以前的经理要控制员工、监督员工，现在的管理者则要求解放员工思想，激励员工发挥创造性。

华为的财务制度是非常健全的。有一次，一位华为的海外员工在向财务部门申请给合作伙伴付款时，财务部门提出了许多要求。这位海外员工觉得受到了刁难，就把这个过程写下来，取名《一次艰难的付款之旅》，发到了公司的内部论坛上。

任正非看到后，大为光火，找来负责财务的孟晚舟，严厉训斥说："我不知道从什么时候开始，我们的财经管理部已经对业务部门如此的傲慢，我现在提议孟晚舟，你必须要把你们的原始的发言纪要原原本本地放在心声社区供所有的员工看。"

非但如此，他还以总裁的身份，给公司群发邮件，批评这种将简单流程复杂化的倾向。从那之后，华为就简化了财务的审批制度，这样整个公司的运作流程就顺畅了，效率也跟着提高了很多。

一页文件、一个简单流程能解决的问题，许多人往往长篇大论或者整理成厚厚一摞文件，或者层层设卡，制造复杂的流程，这样既浪费管理者的精力，也浪费执行人的时间。许多管理者认为只有长篇大论或者做厚厚一摞的报告才能体现他的领导才能，才能让属下服气，从而提升领导力。其实恰恰相反，这是最笨的方式。就像治丝益棼一样，没找准问题的头绪，只会越来越乱，降低管理效率。

有一些企业将员工当作"小人"来看待，生怕他们会偷懒，有的公司甚至员工上厕所都要计时，这样的公司怎么能发展，这样的领导又怎么会有领导力呢？

全球日化巨头宝洁公司是让员工进行自我管理的典范。与很多大公司的办公环境不同，宝洁公司采用一种全开放的办公方式，无论是公司的管理层还是公司的员工都在一种开放的环境下办公。为了区分办公室，宝洁公司只用盆

景、书架、壁板等简单物品隔开房间。这样一来，每个人的工作环境都是透明的，都能被其他人看到。

有个记者对宝洁公司的这一现象非常感兴趣，采访了公司总经理。记者看到宝洁公司漂亮的办公环境和舒适的休息室之后，问总经理："你们对员工喝咖啡和来休息室有具体的规定吗？"

总经理摇摇头，"没有，我们唯一的规定就是不能在办公区喝咖啡，因为那样容易弄脏漂亮的地毯。只要员工乐意，他们随时可以去休息室休息，喝咖啡。"

"那你们不怕员工滥用这种权利，偷懒吗？"记者又问。

"这点完全不用担心，员工会自我约束的。"总经理很肯定地回答。

宝洁公司的管理者，不制定那么多烦琐的规章制度，反而使员工的工作效率大大提升。

其实，舆论荣辱和与生俱来的自尊是对每个人最好的约束。对于宝洁公司的员工而言，管理者只要走动，不在办公的区域，所有员工都会看到，自己也知道，这无形中就是在管理了。让员工自我管理，既保障了工作效率，又节省了管理成本，是非常有价值的管理方式。

第七章

上德不德

五个维度，心灵驱动

王阳明说："理也者，心之条理也。是理也，发之于亲则为孝，发之于君则为忠，发之于朋友则为信。千变万化，至不可穷竭，而莫非发于吾之一心。"

这句话的意思是说，"心"是"理"的源头。这种理发在父母的身上就是孝的理，发在君王身上就是忠的理，发在朋友身上就是信的理。在王阳明看来，理和物都不在心外，"心外无物，心外无事，心外无理，心外无义，心外无善"。

对于管理者而言，首先要分清楚下属是不会干，还是不想干。不会干，好解决，培训是企业给员工最好的福利。老师认真教，学员努力学，不会干的问题就解决了。不想干，不好解决。因为大家都知道，我们可以轻易叫醒一个睡着的人，可是我们永远叫不醒一个装睡的人。很多企业中存在工作惰怠的问题，他们不是不会干，而是不想干，就像装睡的人一样，管理者在他们面前有时候显得无计可施。

鉴于此，在此提供五种驱动力，叫醒上面提到的类似装睡的人。

第一种是利益驱动，靠的是钱之力。人们都说有钱能使鬼推磨，也有人说有钱能使磨推鬼。多给钱，多发奖金，多发红包，多发福利，就能让员工好好干。但这一招有时候也不奏效。可以说，钱之力，效果有限。

第二种是压力驱动，靠的是权之力。可以给他下任务，完不成，给他处罚。绩效考核、目标考核、360度打分，这是现代管理者中常用的一些手段。但是有时候权之力也有限。

第三种是荣誉驱动，靠的是名之力。2020年6月，我给浙江的一家农商银行讲过一次难忘的课。课程开始前，企业在会场召开了上季度的总结会。我当时也坐在台下，见证了这次短暂的季度总结会的全流程。首先，领导当众宣读了上季度各支行和营业网点的综合打分排名情况，然后请出排在前三位的网点负责人上台领奖，由分行行长上台给他们颁奖。现场气氛很好，先是发奖状，接着是发言，最后大家一起合影，其乐融融。这个流程之后，领导当众把上个季度评比的倒数三名的负责人请上台，居然也给发奖状，只不过这些奖状中倒数第三名叫最差团队奖，倒数第二名叫最丑团队奖，倒数第一名叫最烂团队奖。最后还要让领奖的支行和网点负责人挨个发言。倒数第一名的那个负责人看起来面红耳赤，真是羞愧难当。他气愤地说："诸位，今天是我一生中最丢人的一次，也是我们这个团队最丢人的一次。我们知耻而后勇，下个季度我们一定要变成正数第一名，这个奖状我要拿回去，挂在我们办公室最高的地方，让大家都看到，我们不是这样的团队。"

第四种叫成长驱动，靠才之力。每个人都需要成长，成长的价值远远大于成功。你听一堂好课、看一本好书，不一定就能成功，但是一定可以得到成长。管理是有成本的，自己不吝惜付出，让员工和下属成长成熟成功成才，这是很有吸引力的驱动力。

第五种，比成长驱动更有价值的是使命驱动，也可以叫作信仰驱动，靠的是心之力，这是最关键的。

什么是使命？我们走在大街上，突然出现治安问题，如果这时街上有一名合格的警察，这名警察一定会奋不顾身，冲锋在前。为什么？因为警察的使命就是解决治安危险，保护老百姓的安全。经常看到网上有些视频，交警已经下班，换上便装开车回家，遇到交通拥堵，交警就把车开到路边停下，从后备厢拿出自己的警服穿上，然后站到拥堵路的中间，开始指挥车辆疏导交通。这就是交警的使命。

一家企业一定要团结所有人，大家一起完成一件有意义的事情。使命、愿景、核心价值观，这是企业文化的"金三角"，一定要发挥到位。企业界流传着一句话："一年企业靠运气，十年企业靠经营，百年企业靠文化！"那么什么样的企业文化可以让一个企业长盛不衰呢？当然是靠使命、靠信仰。

多积善行，一切利他

以中国优秀传统文化为代表的东亚文化圈是很讲究利他思想的。中国优秀传统文化中有许多关于利他思想的经典语句，也正因为这种利他思想及其运用，让以稻盛和夫和任正非为代表的东方企业家，创立了一种新的企业管理模式和企业发展思想。

积善行，思利他，是稻盛和夫的六项精进中的第五项。稻盛和夫不是一般的企业管理者，而是懂思想、有哲学的企业家。他总结自己人生的经验，概括出"积善行，思利他"这六个字，不仅有利于企业的发展，还有利于个人获得美好的人生。

稻盛和夫曾说过，利他最有力量。从善意出发，为对方着想，让对方高兴就会带来成功。这是客观存在的真理。因为利他不仅能获得他人的帮助，而且能获得宇宙间一种伟大力量的帮助。这种力量远远超越自己的才智。

最初的京瓷也像其他企业一样，追求利润最大化。由于稻盛和夫是个完美主义者，对于产品有十分苛刻的追求，因此不论是研发人员还是生产人员，都承受着巨大的压力。

1961 年，他们终于爆发了。当时几个年轻人带领京瓷的员工们要求稻盛

和夫给他们定期加工资，否则他们就要辞职跳槽。

沉浸在创业梦想之中的稻盛和夫面对这种突发状况，也有点手足无措。他苦口婆心劝那些年轻人回到工作岗位，可不管用。他甚至把这些人带到自己家谈了三天三夜，但带头的年轻人始终不松口。

稻盛和夫十分苦恼，无奈地说："我用我的生命做担保，不会胡乱经营这家公司。如果我为了一己之私工作，你们可以杀了我。"也许是这句话震撼了在场的年轻人，他们终于妥协，重新回到了工作岗位。

这次事件后，稻盛和夫深深地认识到，企业不仅是他个人成就梦想的舞台，也是全体员工及其家人维持生计的保障。从此以后，稻盛和夫确立了京瓷的经营理念，那就是追求全体员工物质和精神两方面的幸福，为人类和社会的进步与发展做出贡献。

1984 年，已经功成名就、积累了巨大财富的稻盛和夫做出一项惊人之举，他把自己 17 亿日元的股份全部捐给了京瓷 1.2 万名员工。稻盛和夫用自己的实际行动践行了京瓷的经营理念。

积善之家，必有余庆。积不善之家，必有余殃。行善之人，不仅恩泽福报，而且会受到社会的尊崇，这在稻盛和夫身上可见一斑。

得失取舍，一念天堂

《贞观政要》中记载："以人为鉴，可以明得失。"中国传统文化中讲究做人要"明得失，知进退"。得与失是一对矛盾体，是辩证的关系。从利他的角度来看，看似失去了，其实是得到了。

任正非说过："不要自己赚了 100 块还不愿意给别人 10 块钱。"因为当你损失一员干将的时候，也许只能赚 30 块。

任正非明白得与失的关系，从利他角度出发，终有所得。他将这种思想落实到了企业经营之中。

有一次，华为一位骨干成员李玉琢主动提出了辞职。任正非看到辞职信后，对于这名骨干十分不舍，几次找他谈心，希望他能继续留在公司，继续为华为工作。可这名骨干去意已决，坚持要离开。

无奈之下，任正非同意了，可是却扣住了李玉琢的辞职信，不签字。

骨干离职的消息很快就传开了，人们也知道任正非并没有批复他的辞职信。时间久了，不免产生一些抱怨："老板怎么这个样子啊，人家不想留，怎么还不批准辞职呢？"

任正非不为所动，这件事一直拖着，直到过了当年的 12 月 31 日，任正非

才在李玉琢的辞职信上写下了"同意"二字。

这名骨干离开时心里很不是滋味，不是因为任正非不批他辞职信，而是因为他带走了华为发给他的 200 万元年终奖。

这时人们才明白，原来华为有制度，每年 12 月 31 日前离职的员工一律不发年终奖。一位如此成功的企业家，居然能为一名辞职的员工考虑这么多，难怪华为的员工有很高的忠诚度。

2011 年 12 月，任正非发表了一篇内部文章，其中提道：

"我创建公司时设计了员工持股制度，通过利益分享，团结起员工，那时我还不懂期权制度，更不知道西方在这方面很发达，有多种形式的激励机制。我仅凭自己过去的人生挫折，感悟到要与员工分担责任、分享利益。创立之初我与我父亲商讨过这种做法，结果得到了他的大力支持，他在（20 世纪）30 年代学过经济学。这种无意中插的花，今天竟然开放得如此鲜艳，成就了华为的大事业。"

华为作为中国乃至世界范围内顶尖的高科技企业，员工大多都是世界名牌大学毕业的天之骄子。让这些人融入华为的文化中，创造不凡的价值，靠的正是激励机制和利他的思想。从利他的角度思考得失，利他为得，利己为失，华为的成功正在于此。

曾经有人这样问稻盛和夫："为了保持团队的和谐，做一个受部下欢迎、有人气的领导不是很重要吗？"

稻盛和夫回答说："京瓷在世界各地建立地区本部的时候，我就对各地总部的社长说过，你们要有一种觉悟，就是不怕遭到各分公司员工的讨厌。正如父母严格管教子女一样，行大爱，往往不受欢迎。"

诚如稻盛和夫所言，大爱与小爱不同，父母严格管教子女是大爱，管理者严格管理员工也是大爱。这种大爱有时不被人理解，但怀有一颗利他之心，就可以了。

万通集团创始人冯仑在《我心目中的任正非》一文中讲过一件事。

有一次，任正非的母校贵州都匀一中的校长请求任正非为学校捐款。

任正非问校长："都匀一中的校训是什么？"

校长一头雾水，不知道校训和捐款有什么关系。

任正非说："如果你不把校训搞清楚，不讲清楚为什么要办学校？怎么样办学校？办成什么样的学校？你不说清楚这个事，那我不能给你钱。"

看似有点不近人情的任正非，几天后请了冯仑等国内商界、教育界的三十多名成功人士，前往都匀一中，和校长一起确定了都匀一中的校训"立志、崇实、担当"。

捐钱对于任正非这样的企业家而言是很简单的事情，但简单的捐钱在这件事上不是大爱，也没有利他。通过捐钱这件事，为都匀一中树立了教学的目标，比单纯的捐钱更有意义，这才是常怀利他之心，广行大爱。

和谐共生，一体为仁

《孟子·离娄下》中说："仁者爱人，有礼者敬人。爱人者，人恒爱之。敬人者，人恒敬之。"这句话的意思是说，仁者要爱人，爱人的人别人也爱他。这里人不分亲疏远近、高低贵贱。行大爱，常怀利他之心，不分尊卑，仁的最高境界是万物一体为仁。

人不能太自私，看待问题和解决问题都要出离和超越自己的小宇宙，要学会从万物的角度出发去想问题和解决问题。

人的本能本性是爱自己，文明进步以后，可以爱自己也懂得去爱他人，这是儒家的仁者。境界再升华，由爱人上升到爱众生，爱一切世间有情。

人，善待万物就是善待自己。由此，善待别人，才能善待自己。

《道德经》第五十章："生之徒，十有三。死之徒，十有三。人之生，动之于死地，亦十有三。夫何故？以其生生之厚。盖闻善摄生者，陆行不遇兕虎，入军不被甲兵。兕无所投其角。虎无所用其爪。兵无所容其刃。夫何故？以其无死地。"

这段话说的是老子养生健身的方法，简单翻译一下：老子说，这世上，天生长寿的，十个人中有三个人。而有些人健康长寿的生活方式不能随便学。

有记者采访百岁老人，老人家，您今年都100多岁了，请告诉大家您养生的秘诀是什么？老寿星笑呵呵地说，我哪懂什么养生，我每天就抽烟喝酒吃肉。世上，还有三分之一的死之徒，天生短命早死。孔子的弟子颜回、注解《周易》和《老子》的王弼就是这种人。世上，还有三分之一的人原本能颐养天年，可是不会养生、过度养生，自己把自己给折腾死了。如此，三个十分之三，加一起是十分之九，还剩下十分之一的人，是最会养生的人，他们走在荒郊野外，遇不到犀牛老虎，在战火纷飞的战场上，枪炮也躲着他们，为什么会这样？老子说"以其无死地"，因为他们不给危险制造机会，通俗一点说就是"不作死就不会死"。

生，老，病，死，爱别离，怨憎会，求不得，五阴炽盛。前七个好理解，五阴炽盛是什么意思呢？五阴也叫五蕴，指的是人的色、受、想、行、识。比如宅在家，几天不出门都不能坚持，都熬不住；有的人以前上班难受，现在歇下也难受，躺着难受，站着也难受，反正不管怎么都不自在。这就是五阴炽盛。

其实，远比身体自由更高级的是心的自由，庄子称之为逍遥。《道德经》第十六章："夫物芸芸，各复归其根。归根曰静，静曰复命。复命曰常，知常曰明。不知常，妄作凶。知常容，容乃公，公乃全，全乃天，天乃道，道乃久，没身不殆。"

老子说，万物纷纷芸芸，追根溯源，不就是和谐共生的关系吗？和谐共生，就是清静，就是生命的奥秘。不遵循这些自然规律，就会有灾凶。遵循这些自然规律，就是和谐共生。这就是天，这就是道，这就是我们"没身不殆"的全身之策。

善巧方便，与人方便

曾经有一段时间，京瓷公司要拓展业务，稻盛和夫看中了仿制珠宝这个领域。他亲自率领研发团队，用了 5 年时间，才将仿制珠宝研制成功。

虽说仿制的珠宝和天然珠宝一样漂亮，但是稻盛和夫也不确定仿制的珠宝市场前景如何。于是他找到一家生产女性内衣的厂家。这家公司的老板塚本先生非常了解女性的消费心理，当他看到稻盛和夫研发出来的珠宝时，非常认可，认为仿制珠宝大有可为。

然而过了几天，稻盛和夫再次拜访塚本时，塚本的态度却发生了巨大转变。他很严肃地对稻盛和夫说，绝对不能卖这种仿制珠宝。原来塚本拿着仿制珠宝和那些阔太太聊天时，发现她们非常生气："你们做这么逼真的假宝石，那我们的真宝石不就不值钱了吗？"

稻盛和夫看着塚本，微笑不语。塚本还不放心，将稻盛和夫送走时，又一次提醒他："千万不要这样做，那些女人会恨死你的。"

稻盛和夫听了塚本的话，对于仿制珠宝更有信心了。在他看来，商业的本质是普惠性的，既有利于那些阔太太，也有利于那些买不起真珠宝的普通妇女。

结果确实如稻盛和夫所料，这种珠宝不仅在日本大卖，而且成功打入美国市场。

稻盛和夫的利他思想，不是只利于特定的人，比如京瓷的员工或者上流社会的贵妇人，而是利于所有人。

2019 年 9 月 10 日，任正非在接受《经济学人》采访时语出惊人，他说可以把华为的 5G 技术卖给外国企业，而且对方可以一次性买断。

大多数人觉得，华为在 5G 技术上领先全球，是华为最令人瞩目的成就之一。任正非这时宣布转让技术，是自毁长城，会让华为在全球竞争中失去优势。

一个企业的核心技术就是企业的生命，任正非为何会同意出售核心的 5G 技术呢？华为缺钱吗？根本不缺，一年上百亿元的研发投资，遍布全球的通信设备供应，华为有庞大的资金，可以支持企业的发展。

之所以做出这样的决定，任正非解释说，自己的理想是"为全人类提供服务，努力攀登科学高峰"。

通过售卖 5G 技术，可以向欧美的政界、企业界以及民众传递一种信息，华为的 5G 技术并不会影响他们国家和个人的通信安全。而且华为出售 5G 技术，还可以扶植一个像样的竞争对手，促进通信技术的进一步发展。

任正非就曾公开表示，5G 独立组网全世界只有华为一家做好了，根据中国招标法规定，必须有三家公司做好了才能开始招标，所以，中国只有从明年（2020 年）才能开始独立组网的 5G SA。我们在等待高通的进步。高通进步后，华为不再是"独孤求败"，这样对于一个产业的

发展来说也是有益的。

用一种巧妙的利他的方式，促进企业的发展和行业的进步，何乐而不

为呢？

向心管理，内圣外王

请问，你有没有思考过，主宰我们这个血肉之躯的是什么呢？

王阳明告诉我们，是心，是这颗心，这颗心不是那一团血肉的心脏，我们能感知到的所有想法意念都是由这颗心发出的。

心引发的是起心动念，然后产生我们的视听言动，周而复始之后，形成我们的情趣习惯；情趣习惯一旦定型，就成为我们特立独行的性格；有什么样的性格，往往就导向什么样的命运。问题是，当万事归结、盖棺定论时，我们会不会意识到自己所有的遭遇其实都源于当初的那个起心动念呢？

我们面对生命中的每次辗转和考验，需要构建自己强大的内心世界，学会心内求法、向心管理，而不是苛责于人、妄求外援。

1506 年，王阳明给明武宗朱厚照上书劝谏，被掌印大太监刘瑾判处廷杖四十，然后投入锦衣卫的昭狱。这个锦衣卫的昭狱，比刑部的监狱恶劣得多，简直是人间的活地狱。王阳明，这个富二代、官二代、有志青年、体制内的国家干部，一下被打入就像地狱一样恐怖的昭狱，不但失去自由，身体还受到极大的创伤痛苦。

该如何度过狱中生活呢？古圣贤有个好方法，就是读书学习。文王拘而

演周易, 孔子厄而做春秋。

熬过 1507 年的那个春节, 到春天, 王阳明被发配到贵州龙场做驿臣。当年的龙场, 和今天的情况不能同日而语, 据说当时当地有很多茹毛饮血的土著居民, 天上飞的有吃人的大鸟, 地上有虎豹豺狼、毒蛇蝎子, 原始森林还有瘴气, 人在这里一不小心就得丧命。王阳明到之前, 还在想好歹是个驿臣, 怎么也能有自己的办公室和卧室。结果过去一看才知道, 哪有房子, 一堵墙也没有啊。最后, 王阳明找到一个山洞, 勉强安身。

王阳明的遭遇, 再次印证了那句话, 人生无常, 造化弄人。王阳明的心理真是强大, 他不但接受现实, 还能苦中作乐, 被现实打击得身心憔悴病倒以后, 王阳明就给他的跟班讲笑话、唱小曲、做心理辅导。王阳明做得更多的是思考。思考什么呢? 他思考八个字, "圣人处此, 更有何道", 意思是他十二岁就立志做的圣贤处在自己的这个遭遇下, 该怎么办呢? 终于有一天, 他石破天惊地悟出了道, 提出 "心即理, 心外无物", 这就是 1508 年王阳明的龙场悟道。龙场悟道标志着王阳明心学的诞生。

王阳明的弟子陆澄, 曾经和王阳明在南京的鸿胪寺居住过一段时间。有一天, 陆澄收到家书, 说他的儿子病得很重, 有性命之危, 陆澄非常伤心, 以至于一连几天都吃喝不下, 难以纾解。

生活中, 有很多人都会遇到像陆澄这样的事情, 比如亲人生病、事业失败、考试失利等, 都难免让人黯然悲伤。

喜怒忧思悲恐惊, 是人就会悲伤。那应该怎么样对待悲伤, 进而解除悲伤呢?

让我们看看王阳明的办法。他对陆澄说，父亲爱儿子，是十分真切的感情，儿子生病，父亲肯定悲伤，这是你躲避不开的。

注意，这是王阳明在传授陆澄解除悲伤的第一步，首先要坦然接受悲伤的事实。王阳明说，此时才是修行时，人只有心上学、事上炼，内心才能强大。

解除悲伤的第二步是，适度地表达悲伤。王阳明说，儿子生病，父亲悲伤，这是天理。可表达这个悲伤时一定要适度，一旦过度，就身心俱伤，就不是天理，不是人理，不是心之理，是得不偿失的。

1522年，王阳明的父亲去世，终年七十二岁。那一年王阳明五十岁，王阳明赶回家中，他先告诫家人不要哭，然后把皇上御赐的新礼服和绶带亲手给父亲穿戴好，这时，王阳明才开始放声大哭，哭得痛彻心扉，以至于哭哑了嗓子。

第二天，王阳明的学生问他，老师啊，你每天教我们修炼本心，不要动心。你看看昨天的你，哭得差一点晕过去，你怎么解释呢？王阳明说，诸位，那可是我亲爹啊，我亲爹去世，我都不能发自内心地痛痛快快哭一场，我还是个人吗？可是，你看今天的我是不是又恢复正常呢？因为，我知道人死不能复生，那就接受吧，该做什么就做什么吧。

这就是王阳明所说的"不应该让悲伤伤害自己的性命"，这是天理的本来状态。什么是天理？就是做事要适可而止，包括七情六欲。

万恶淫为首，这个"淫"字，不是淫荡的意思，而是过度的意思，什么事情一旦过度，就会变坏，就会恶化。

解除悲伤的第三步就是，行动。如何行动呢？再拿陆澄打比方。陆澄最应该做的事不是在鸿胪寺悲伤，而是立即收拾行李回家，这就是一种行动。我们绝对不能沉浸在悲伤中，而是要立即解决令我们悲伤的那件事。

还有一个方法，就是去做你喜欢的事。比如陆澄特别喜欢听王阳明的心学课，但当他知道儿子生病后，他很焦虑，既不回去，又不像以前似的专心听讲。王阳明就告诉他，既然回不去，那此时正是修心时，平时认真听课，不算什么，只有心中有悲伤时还能专注于课堂，这才是真本事。

当我们在悲伤中时，应该有意识地告诉自己，悲伤只是一种情绪，你是做情绪的奴隶还是做情绪的主人，主动权在你自己手中。

王阳明的学生陈九川一病不起，病得很重。卧病在床之际，陈九川问王阳明：老师啊，生病这件事很难格，我该怎么办？格是探究的意思，陈九川觉得生病这件事把自己折磨得很惨，他束手无策，所以向王阳明请教。王阳明说：生病这件事的格物功夫确实很难。但是，记住一句话：常快活，便是功夫。

这看似非常短小的回答，却揭示出一个激发潜能的秘诀。在现实生活中，大家可能看到过这样的例子，两个得相同疾病的人，一个人性格好，另一个人性格抑郁，那个性格好能用乐观的心态看待疾病的人，肯定比另外一个性格抑郁、遇事悲观的人要好得快。

身处漆黑的夜，心就像一盏灯，这盏灯能照亮自己，也能让世界亮起来。

这盏灯照到什么，什么就存在于我们的世界中。如果心照不到，即使客观存在，而这种存在对于你而言，也是没有意义的，就等同于无。这就是王阳明心学中"心即理，心外无物"的道理。

引导众人，向善行善

王阳明一生有三次悟道，第一次是龙场悟道，王阳明提出"心即理，心外无物"。第二次，忠泰之难之后，王阳明提出"致良知"。王阳明的第三次悟道，叫作天泉证道。

1527 年，王阳明在出征广西之前，在浙江余姚老家的天泉桥上，对弟子钱德洪、王畿说过直指人心的四句话，被称为王门"四句教"。天泉证道发生在王阳明去世前两年，他的思想和学术已经非常丰满，从古至今，天泉证道的四句教都被当作王阳明心学集大成的代表。

下面，我们就走进四句教，先简单从管理的角度举几个例子。

王阳明心学四句教：

无善无恶心之体。

有善有恶意之动。

知善知恶是良知。

为善去恶是格物。

先看第一句，无善无恶心之体。问你一个小问题，每天走出家门，你喜欢遇到喜鹊还是喜欢遇到乌鸦呢？我想大多数人都会说，当然是喜欢遇到喜鹊，喜鹊喜鹊，顾名思义，有喜事发生，也算讨个好彩头。人，一旦把偏见植根于内心，往往就刚强难化。

请你仔细想想，真的是这样吗？其实也倒未必。

在过往的岁月中，我们有时候出门遇到喜鹊，再买彩票、再买股票，也没有发财；出门遇到乌鸦，紧张兮兮一整天，到最后也没有什么不好的事情发生。

喜鹊和乌鸦，其实只不过是鸟，为什么要如此着相呢。着相，原本是佛教的术语，现在已经用得很泛，指的是人说话办事只执着于表象，追求假象，却自以为是真相。

无善无恶心之体，字面的意思是，心的本体是没有善恶、没有分别的，这是王阳明心学的世界观。面对这个世界，我们和心之外的一切万物对接的时候，心胸要宽广，要做到一视同仁，心有阳光赢天下。

对于一个管理者，开阔自己的心胸，修炼自己的内心，是基本功。

管理者要经常问问自己：我能放下一切成见吗？我能放下一切偏见吗？我能一碗水端平吗？我能不分亲疏远近吗？我能不计前嫌吗？我能一视同仁吗？我能平等地对待每一个人才吗？

有一个典故，叫作"雍齿封侯"。

公元前202年，楚汉相争结束，刘邦在山东定陶称帝，后定都长安，建立西汉王朝。王朝刚刚建立，政局不稳定，外面匈奴的骚扰，自己身边的人也不安分。

有一天，刘邦出门，远远地看见有些人在不远处窃窃私语。他一走近，

这些人立刻就变得对自己很恭敬的样子。可是他刚一离开，这些人又在背后指指点点。

于是，刘邦就召见张良，问："先生啊，我发现身边有很多人，对我表面一套背后一套的，这是为什么呢？他们想干什么呢？"

张良说："皇上，他们想阴谋造反，要你的命。"

刘邦吓得要死，问："为什么会这样呢？"

张良说："皇上，你当年创业的时候，那么多人跟着你一起打下天下。现在你成了皇帝，重用的都是你喜欢的像萧何、曹参那样的人，你不喜欢的和你看不惯的，都打发得远远的，有的还找借口处死。因此，没有得到你封赏的人，要纠结在一起，他们势必会阴谋造反。"

刘邦说："那我该怎么办？"

张良说："也好办，皇上，你最讨厌谁？"

刘邦想也没想，直接说："那还用说吗？肯定是雍齿这个小人啊。我当年创业的时候，他跟着我，后来又背叛我，从我这里离开去跟了别人。我最后事业做起来，他又变成了我的人，像这种小人反复无常，我很反感，找机会一定要处死他。"

张良说："皇上，你不能这样做，你现在是天下之主，你的胸怀一定要宽广。皇上不喜欢雍齿，很多人都知道，越是这样，皇上反而越应该重用他，这是让全天下都知道皇上胸怀宽广的好机会啊。"

刘邦头脑很清醒，立刻就听懂了其中的玄机。第二天，刘邦大宴群臣，席间就传下话去，封雍齿为什邡侯。

这一招，可真管用。宴席散去，那些之前想阴谋造反的人都弹冠相庆，开始耐心等待自己被重用的一天，刘邦的危机也宣告解除。

最后雍齿得以善终，在今天的四川什邡市，还有一个景点叫作雍齿封侯台，就是为了纪念这件事。

《论语·子罕篇》有这样一句评价孔子的话："子绝四，毋意，毋必，毋固，毋我。"钱穆先生的翻译是，孔夫子平日绝无四种心，一是无臆测心，二是无期必心，三是无固执心，四是无自我心。再通俗一点，孔夫子不瞎猜、不独断、不固执、不自以为是。孔子是仁者，仁者时时刻刻都能参照到自己心的本体。而心的本体正是无善无恶的。

老子《道德经》有云："天地不仁，以万物为刍狗。"刍狗，是祭祀时用草编的狗，可以解释为装饰品，就像我们今天去祭奠逝去的亲人时，要献上各种纸扎和花圈一样。老子认为，天与地根本无所谓仁还是不仁，人和动物以及万物都是天地的装饰品。

这句话真好！后面还有一句："圣人不仁，以百姓为刍狗。"圣人，在《道德经》中指的是得道的统治者，相当于企业中已经悟道的领导，意思是得道悟道的领导和管理者面对下属或者追随者，根本不讲什么仁与不仁，因为他是一视同仁的，没有分别心，没有亲疏远近。这种领导是"下知有之"，下属仅仅知道他的存在，他像太阳一样，平时是"生而不有，为而不恃，长而不宰"。众人在他的引领和感召下自主自动地运作，等到功业成就时，下属才来一句"这可是我们自己搞定的，老板没怎么出智出力"。你看，老板把员工当刍狗，员工也把老板当刍狗。多好，一切都是春有百花秋有月，夏有蝉鸣冬有雪，四

季的运行不就是循环往复，自然而然，互为刍狗吗？

能做到无善无恶是不是就万事大吉呢？当然不是。

有善有恶意之动，这个意，就是我们的原则、立场、判断，这句话相当于王阳明心学的人生观。当单独面对一个人、一件事的时候，我们要用到这第二句。

有句话据说是曾国藩说的，杨子老师讲课时经常引用——"做人一定要像人，做官不可以太像官。做官要本色做人，角色做事。"

做干部，搞管理，一定要学学曾国藩。曾国藩说管人首在用人，用人首在识人。有善有恶意之动，在识人用人上面，要好好学学曾国藩。

还有一个典故，叫作"射钩拜相"，说的是齐桓公和管仲的故事。齐桓公之所以能九合诸侯，一匡天下，在于有管仲的辅佐。可是在此之前，管仲不但是齐桓公的敌人，而且两个人还有一箭之仇。

事情还要从齐桓公继位前说起，当时，管仲和好朋友鲍叔牙分别追随公子纠和公子小白。公元前 686 年，齐国动乱，公孙无知杀死齐襄王，自立为君。一年后，公孙无知又被杀死，齐国一时无君。逃亡在外的公子纠和公子小白，都想尽快赶回齐国，夺取君位。

管仲为使公子纠当上国君，半道设下埋伏，等公子小白经过时，管仲弯弓搭箭射向小白，可惜射在小白的衣带钩上，小白就势倒下，装死，让管仲信以为真。躲过一劫的小白，在鲍叔牙的保护下抄近道抢先赶回齐国，登上君位，成为日后大名鼎鼎的齐桓公。

齐桓公即位，想要杀死与自己有一箭之仇的管仲。鲍叔牙出面极力劝说齐桓公：国君，管仲是天下奇才，如果您想要治国图强、称霸天下，就必须重用管仲。

　　齐桓公是位明君，心胸也大，于是放下私人仇恨，欣然接受建议，慎重地选择一个黄道吉日，亲自出城迎接管仲，让管仲和自己同乘一车，一起入宫，拜管仲为国相，尊为仲父。管仲也不负众望，施展出全部才华，君臣一心，终于完成一番霸业。

　　为什么齐桓公能有如此高远宏大的格局呢？因为他内心做出了正确的判断和取舍。王阳明说："种树者必培其根，种德者必养其心。"管理者识人要做到一碗水端平，心胸宽广，无善无恶；管理者用人要做到正反面兼顾，心智清醒，有善有恶。

　　下面看王阳明心学四句教的第三句，"知善知恶是良知"，此处出现一个关键词——"良知"，王阳明说"良知"二字是古圣先贤的真血脉，是他从百死千难中得到的。什么是良知呢？打一个比方，良知就是我们每个人心中的太阳。阴天下雨雾霾天，我们看不到天上的太阳，可是天上的太阳却始终都在，而我们现实中有些人已经有很多年内心阴暗潮湿雾霾丛生不见天日了。面对人生考验的时候，每个人都需要点亮自己，照亮别人，驱走黑暗，赢得光明。

　　做人，要叩良心以至诚。孟子曰，诚者天之道，思诚者人之道。从今天起，叩问自己的良心，做个至真至诚的人。

　　做事，要达良识以穷理。《大学》曰，致知在格物。各行各业要仔细探究

万事万物的道理，穷其究理，才能做到世界第一。

工作，要执良能以治事。《周易》有云，君子进德修业。修身齐家，才能治国平天下，德以配位，才能内圣外王。

生活，要持良善以尽性。《左传》有云，祸福无门，惟人自召。这世上，终究是善有善报，恶有恶报，我们永远不要怀疑人生，阅历万千，不改良善，看透生命，依然热爱生活。

家庭，要结良缘以化境。《增广贤文》有云，百年修得同船渡，千年修得共枕眠。今生今世能成为一家人，夫妻也好，父子也罢，兄弟也是，都是很大的缘分，我们要珍惜在一起的每一天每一刻。伴君百年，终须一别。有些缘分一旦逝去，就永远逝去了。

企业，要建良制以和行。太史公曰：法令者，治之具，而非制治清浊之源也。法令是治理的工具，却不是使治理变浊为清的根本。企业以人为本，人以心为本。归根结底，企业的经营和管理，还要从人心上去着力。

孟子讲人心本善，荀子讲人心本恶，那到底是善还是恶呢？我觉得人心都是向善的。管理的本质，在于管理者引导所有人一起向善和行善。

现在，我们一起完成两个伟大的转变，第一个是从格物到格心的转变。格是探究的意思，我们不仅要探究万事万物的道理，更要建立自己强大的内心世界，我们要学会心内求法。

未来的中国，是一群正知、正见、正念、正能量者的天下。真正的危机，不是病毒危机，也不是金融危机，而是道德和信仰的危机，我们应该与智者为友，与善者同行，心怀苍生，大爱无疆。

第二个转变，是判断标准和行为实践的转变。在此以前，很多人做什么怎么做，判断标准是对我有没有好处。现在我们要转变成，做之前先问一下自己："这么做是善还是恶？"如果是善的对的，我们一定要去做，哪怕对我没有好处；如果是恶的是错的，我们一定不能去做，哪怕对我有天大的好处。

我们要诸恶莫做，众善奉行；要勿以善小而不为，勿以恶小而为之。

讲到这里，我们就自然走进王阳明心学四句教的第四句"为善去恶是格物"。这一句是王阳明心学的方法论。为善去恶，把本心里知道是对的做对，把本心里知道是错的坚决不做，这就是儒家的格物，这就是佛家的觉悟，这就是道家的真实和究竟。

这里讲到一个本心的问题，本心就是良知，把本心里知道对的做对，就是致良知，致良知就是听从自己内心光明的指引，从起心动念到视听言动，从视听言动到善始善终，从点亮自己到照亮别人，从照亮别人到照亮世界，让这个时代、让这个世界一起都变得光明。

书的最后，杨子老师把王阳明的一首诗送给有缘读到本书的您，谢谢您的用心阅读。

人人自有定盘针，

万化根源总在心，

却笑从前颠倒见，

枝枝叶叶外头寻。